有事資産防衛

金か？ダイヤか？

Purchase Gold Bar or Diamond?
How to protect your property
in case of emergency.

浅井隆

第二海援隊

プロローグ

有事の際の究極の資産保全とは？

金《きん》（ゴールド）か？　ダイヤか？

簡単そうで、難しい質問だ。なにしろこの二つの物質は、色も性質も重さもまったく正反対のものだからだ。しかしこの質問こそ、あなたの命の次に大切な資産を守り抜くために非常に重要な意味を持っている。

まず、金《きん》から見てみよう。何しろ、こいつは重い。ずしりとくる重さだ。二〇キログラムの金《きん》を袋に入れて持ってみるとよい。五〇〇メートルも歩かないうちに、腰と膝を悪くすることだろう。さらに、金《きん》自体が元素そのものである。

しかし、ダイヤは違う。ダイヤモンドという元素は存在しない。ちょっとがっかりするかもしれないが、ダイヤは炭と同じ「炭素」という元素が特殊な結合をした結晶体である。だから極めて軽い。しかも簡単に燃える。

金《きん》は、溶けることはあっても燃えはしない。共通点は、どちらも輝くことくらいか。そしてどちらも高価であり、貴重品だ。

資産保全という観点から見た時に、金《きん》とダイヤはまったく違う特性を持っている。それこそ「スプレッド」という問題である。つまり、買いと売りとでどのくらいの価格の差が出るかという問題だ。金《きん》は、今買って一時間後に売ってもそれほど価格に差は出ない。もちろん、その一時間の間に金《きん》価格がえらく暴落すれば話は別だが、通常、金《きん》の市場価格は一時間で大きく下がることはない。売買のため、業者に数％の手数料を取られる程度である。

しかし、ダイヤはそうはいかない。もし、あなたが日本のデパートでダイヤの指輪を買ったとしよう。しかも三カラット以上もある大きなもので、質もかなり良いものだ。生憎、買って一時間後に急に現金が必要な事態に陥ったとしよう。売り値は、良くて四分の一だろう。ましてや小さなダイヤを無数にちりばめた宝飾品だったら、売り値は哀れなものとなる。

今回の主題は、〝有事の際の資産保全〟についてである。有事とは戦争、国家破産、巨大天災などをいう。もしも、あなたが今住んでいる所、あるいはこの日本から命からがら逃げ出さなければならない破目に陥ったとしよう。残念ながら金《きん》はその時、あまり役に立たない。運ぶのに重過ぎるのだ。その点、ダイヤは簡単だ。軽いし、ポケットにでも入れれば、容易に持ち運べる。空港の金属探知器にもひっかからない。持ち運びに便利なことと小さいことは、秘匿性に優れているということだ。問題は、先ほど言った「スプレッド」の点だけだ。

ところが、ここにその問題を乗り越える素晴らしい方法がある。ニューヨークの業者間取引価格よりさらに三割以上低い、信じられない水準でダイヤを買うことができるのだ。そのノウハウについては、本書の後半で明かされる。

今や、全財産の五～一〇%をダイヤで持つべき時代がやってきた。なぜなら、二一世紀は動乱、戦争、国家破産の時代だからだ。北朝鮮のミサイルだって、日本を狙っているではないか。そんな時代において、本書は有事の生き残りについてまったく新しいノウハウを読者に提供する、異色の作品である。

二〇一七年一一月吉日

浅井　隆

有事資産防衛　金か？　ダイヤか？――――目次

プロローグ

第一章　藤田嗣治はダイヤで敗戦を生き延びた

第二章　デビアスがダイヤ価格を牛耳っている⁉

第三章　金《きん》か？　ダイヤか？

第四章　ダイヤの正しい買い方、保管の仕方

第五章　ダイヤを使った生き残りの法則

〈参考文献〉
【新聞・通信社】
『日本経済新聞』『ブルームバーグ』『ロイター』

【書籍】
『ダイヤモンド神話の崩壊』（エドワード・J・エプスタイン・早川書房）
『ユダヤ人とダイヤモンド』（守誠・幻冬舎）
『評伝 藤田嗣治』（田中 穣・芸術新聞社）

【拙著】
『預金封鎖、財産税、そして10倍のインフレ!!』（第二海援隊）
『世界沈没』（第二海援隊）
『円が紙キレになる前に金を買え！』（第二海援隊）

【その他】
『経済トレンドレポート』『AERA』

【ホームページ】
フリー百科事典『ウィキペディア』
『GIA』『日本宝石協同組合総合研究所』『RAPAPORT』『キリヤ化学』
『World Gold Council』『田中貴金属工業』『GINZA TANAKA』
『Equity Communications』『ＴＢＳ』『Diamond Bourse』『フォーブス』
『リファウンデーション』『ウォールストリート・ジャーナル電子版』
『朝鮮日報』『大紀元日本』『ハーバー・ビジネス』『THE PAGE』
『ダイヤモンドオンライン』『産経ニュース』『ガーディアン』
『防災科学技術研究所』『ハザードラボ』

第一章　藤田嗣治はダイヤで敗戦を生き延びた

藤田嗣治を知っていますか

「日本が負けても、おれや、君は困らない」――。

一九四四年、画家の藤田嗣治《つぐはる》（レオナール・フジタ。以下、フジタ）はこう言ってのけた。日本に敗戦が訪れる一年前、すなわち、「日本が負ける」などとは絶対に口に出せない頃である。かのパブロ・ピカソとも深い親交があったことで知られるフジタは、日本の敗戦を予想したばかりか、戦後のインフレをダイヤモンドによって生き延び、フランスのパリにてその生涯を遂げた。

第一章は、肝っ玉と知恵（ダイヤモンド）で苦境を脱出した、そんなフジタの知られざるエピソードからはじめたい。

一八八六年（明治一九年）、東京市牛込区（現在の新宿区）新小川町でフジタは生を受けた。森鴎外の後任として陸軍医総監（中将に相当）にまで昇り詰めた人物を父に持つ。母を早くに亡くしたこともあり、父はフジタが医者になることを望んだが、子供の頃から絵を描くことが好きだったフジタは画家を志望していた。フジタには絵描きとしての才能があったようで、一九〇〇年に開かれた「パリ万博」では、中学生のフジタが描いた水墨画が展示されている。そして、一四歳の時に改めて画家になりたいと父に進言すると、父は黙って画材を買うための大金をフジタに手渡したという。

高校を卒業する頃になるとフジタはフランスへの留学を志すようになった。しかし森鷗外が推薦してくれたこともあり、東京美術学校（現在の東京藝術大学美術学部）西洋画科に入学する。

しかし、そこでの成績は決して芳しくなかった。黒田清輝らが席巻していた当時の日本画壇には、フジタの暗くクラシックな趣の画風はまったく受け入れられず、芸大における成績は中の下。反骨心が旺盛であったフジタは表面的な技法ばかりが重視される授業に辟易し、同級生らと観劇や旅行、吉原に通いつめるなど〝課外活動〟に勤《いそ》しんだ。それゆえ、卒業の際に制作した自画像には黒田が忌み嫌った黒を多用し、挑発的な表情が描かれている。

卒業後は結婚し、新宿百人町にアトリエを構えるも画業だけでは生活が成り立たず、期限付きの仕送りを得てフランス行きを決意。一九一三年（大正二年）にパリへとわたる。

芸術の都・パリは、日本では考えられないほど自由な表現にあふれ、そして画家の地位も高かった。「黒田清輝流の絵こそが洋画」と教わってきたフジタは、そのことに大きな衝撃を受け「日本人としてパリを魅了する画家になる」と誓う。そして、今までの画風をすべて放棄することを決めた。その時の様子をこのように記している――「家に帰って先ず黒田清輝先生ご指定の絵の具箱を叩きつけました」。

芸術の都で絵に没頭するフジタは、日本に残してきた妻の鴇田《ときた》登美子とパリで暮らすことを夢見るも、生活をはじめてからわずか一年後に第一次世界大戦がはじまる。灯火管制が敷かれる中、それでもフジタはひたすらに絵を描き続けたが、戦時下のパリでは絵がまったく売れず、生活は困窮した。食事にも困り、寒さのために自身の絵を燃やして暖を取ることもあったという。

しかし、フジタの決意は固かった。困窮しながらも自身の絵に対する手応えを感じていたフジタは父に「成功するまで日本には戻らない」と伝える。それ以降の仕送りも断り、それと同時に妻の登美子とも別れを迎えた。

そして、大戦が終局を迎えた一九一七年頃から、フジタの絵は徐々に評価されはじめる。同年にははじめての個展を開き、かのピカソからも注目された。これを期にフジタとピカソは親交を深めて行く。

一九一八年に第一次世界大戦が終わると、パリには好景気が席巻した。同時代のニューヨークに負けず劣らずの「狂乱の時代」が訪れたのである。多くのパトロンがパリに集まり、フジタの絵も高値で売れるようになった。一九一九年には著名なパトロンたちが立ち上げたサロン・ドートンヌ（近代美術史に大きな実績を残したフランスの展覧会）でフジタの絵六点が入選する。さらには一九二一年のサロン・ドートンヌでもフジタの絵三点が入選し、画家としての地位を磐石のものにした。

そして、翌年の同展覧会で発表された「寝室の裸婦キキ」がセンセーションを巻き起こす。これをコレクターが八〇〇〇フランという当時における破格値で買い取り、パリの画壇を騒然とさせた。この作品で描かれた繊細な線と乳白色の肌は「素晴らしき乳白色」と呼ばれ、フジタは生涯、この色彩のことを秘密にしていた。そして、一九二五年のサロン・ドートンヌに出品した「五人の裸婦」は、二万五〇〇〇フランというサロンでは最高額（当時）で落札されるに至った。

こうしてフランスでは知らぬ者はいないというほどの人気を得たフジタは、一九二〇年代に多くの勲章を授与されている。余談だが、多くのフランス人から愛されたトレードマークのおかっぱ頭はファッションではなく、散髪のためのお金もなく自分で切っていた頃を忘れぬようにという自らに対する戒めの印であった。この髪型は、従軍画家であった時代を除いて徹底されている。

パリでは「サロンの寵児」ともてはやされ、画家としての成功をゆるぎないものにした一九二九年、フジタは日本へと凱旋する。目的は父との再会だ。フジタは日本に帰る途中、イタリアのナポリ、シンガポール、香港などに寄港したのだが、そこで日本における自身の意外な評価を耳にする。それは、次のようなものであった――「（フジタは）日本では歓迎されないだろう」。

その理由は、パリでフジタが起こした数々の女性スキャンダルや奇行（奇怪なパフォーマンス）が日本に伝わっていたためでもある。フジタは日本に帰る時点で三人目の妻を娶っていたのだが、パリで結婚した二人のフランス人妻はなかなかの破天荒であった。これにフジタの奇行が加わり、パリでは幾度となくゴシップの対象となったのである。それらが日本に伝わったこともあり、当時の日本画壇からは「国辱」とも評価されていたようだ。おそらくそこには、フジタに対する嫉妬も含まれていたのだろう。

ところが帰国してみると、画壇の酷評とは裏腹にフジタは熱烈な歓迎を受けた。一九二九年一〇月には朝日新聞社の主催で展覧会が開かれ、六万人もの入場者を記録している。しかし、それでも美術界の評価は低いままで、フジタは大いに落胆した。

ところで、この年にフジタのその後の人生にも多大な影響をおよぼす事件が起こっている。そう、米国発の大恐慌だ。第一次世界大戦後の世界経済は先進国の米国やフランスを中心に「狂騒の二〇年代」とも呼ばれる資産バブルを謳歌していたのだが、それがニューヨーク株式の暴落と共に完全に弾けたのである。一九二九年一〇月に米国を震源としてはじまった大恐慌はすぐさま欧州へと飛び火。その欧州ではクレジット・アンシュタルト（現オーストリア銀行）の破綻をきっかけに深刻な金融危機が勃発する。一九三一年のことである。そして、この金融危機がイタリアでムッソリーニを一段と躍進させ、ドイツではヒトラーの台頭を許すこととなった。

フジタは日本で親孝行も済ませ、一九三〇年一月に米国を経由してフランスへと戻るのだが、パリの様子はかつてとは完全に異なっていたという。大恐慌のあおりを受けたパリでは、オークションにおける絵画の値段が暴落。画商は次々と店をたたみ、パトロンもかつての勢いを失っていた。フジタも個展を開いたが、半分以上が売れ残ったという。パトロンが去ったことにより、サロンでもてはやされることもなくなった。さらには、フジタの親友であったジュール・パスキンの自殺という悲劇に遭う。

世界情勢が風雲急を告げる中、フジタは四人目の妻を率いて南米に向かい、各地で個展を開きながら放浪の旅を続けた。この頃のフジタの画風は以前と異なっており、おそらく、相当に大きな心情の変化があったと見受けられる。

そして一九三三年（昭和八年）、にフジタは再び日本へ戻ることにした。当然、日本の様子は二年前に帰国した時と違っている。具体的には軍部の社会に対する影響力が格段に増していた。

日本と世界が恐慌に見舞われた時代

ここで少し当時の経済情勢を巡る話に触れておこう。一九三〇年代初頭の日本経済は大恐慌のあおりを受けて設備と生産が供給過剰となり、物価が持続的に下落、街は大量の失業者であふれかえった。俗に言う「昭和恐慌」である。

すさまじいデフレを重く見た時の蔵相、高橋是清はデフレギャップを埋めるべくリフレ政策を導入した。一般に「高橋財政」として知られているこのリフレ政策は、低金利、為替の管理（通貨安政策）、積極財政を軸としている。そして高橋は、積極財政を実行するためにあくまでも方法論として一時的に財政ファイナンスを容認した。

この高橋財政は日本経済を見事なまでに立て直す。日銀（金融研究所歴史研究課）によると、一九三二〜一九三六年のＧＮＰ（実質国民総生産）は年平均六・一％の成長を記録。インフレ率も一・五％程度に収まっていた。

ところが、これに軍部が目を付ける。リフレ政策が奏功したことから、「日銀が軍備を賄えば良い」と安易に考えたのだ。高橋や日銀当局は、「リフレ政策による軍事費膨張は最終的にインフレを発生させる」と抵抗したが、高橋は一九三六年に暗殺されてしまう（二・二六事件）。これで財政赤字の歯止めが完全に利かなくなった。一九三二〜一九三六年の国債発行額（年平均）は七〜八億円であったのに対し、一九三七年度の発行額は二二億三〇〇〇万円にまで増加する。これが戦時インフレを呼び、戦後のハイパーインフレにつながった（一九四五年度の国債発行は、三三四億円にまで膨らんでいる）。

時代は戦争へと突入した

高橋是清が暗殺された次の年（一九三七年）、北京の盧溝橋事件をきっかけに日中戦争が勃発する。その翌年には「国家総動員法」が近衛文麿内閣によって発令され、軍部はフジタなど美術家にも戦争に協力するよう方針を打ち出した。そして一九三八年九月、海軍省軍事普及部が「事変記録画」（戦争画）を制作するため、画家六名の戦地派遣を発表する。その中にフジタも含まれていた。

その翌月からフジタは上海に入り、戦闘直後の生々しい惨状を目にする。およそ一年間、従軍して数枚の絵を描いた後、一九三九年にフジタは帰国した。帰国したフジタは、突如として「戦争下の日本を離れ、絵に没頭したい」との理由から、パリへ戻ることを宣言する。フジタは日中戦争の惨状に相当の衝撃を受けたと言われており、それがパリ行きを決断させ、フジタは半ば強引にパリに戻ることになった。

しかし、戻った先のパリでも不幸が待っていたのである。戦渦を離れたい一心で来たパリにも、戦争の影が迫っていたのだ。

フジタは一九三九年五月にパリに戻ったのだが、同年九月にドイツのポーランド侵攻をきっかけとして英仏がドイツに宣戦布告。ここから第二次世界大戦がはじまる。日本大使館は在留邦人に帰国を迫ったが、フジタら数人の画家はこれを無視。空襲が激しさを増す中、パリで絵を描き続けた。

しかし、一九四〇年五月に入るとフジタら在留邦人に大使館から最後通牒《つうちょう》が下る。ドイツ軍がフランス国境の要塞（マジノ線）を陥落させたのだ。フジタはパリからの脱出を決意し、日本行きの避難船に飛び乗る。その直後、電報にてパリ陥落を知った。

フジタは帰国後、トレードマークであったオカッパ頭をばっさりと切っている。一説には、華やかなパリに別れを告げたようだ。そして、フジタの第二の人生がはじまる。日本に戻ったフジタは再び戦争画に携わることとなったのだが、本人はあまり気乗りしなかったようだ。

しかし、そんなフジタの運命を大きく変える人物が現れる。陸軍中将の荻洲《おぎす》立兵《りゅうへい》だ。荻洲は一九四〇年一月に予備兵となり帰国していたのだが、その荻洲はノモンハン事件（満州国とモンゴルとの国境付近で頻発した日ソ紛争。中でも最大規模の軍事衝突となった事件。結果は日本軍の惨敗）で戦死した部下の霊を鎮めるため、フジタに絵を描いてくれるよう依頼したのである。

ノモンハン事件の全容を荻洲から聞いたフジタは、相当な衝撃を受けた。戦時下の日本では軍部の勇ましいプロパガンダばかりが流布されていたため、日本軍の惨状にショックを受けたのである。依頼を快諾したフジタは、実際に戦地（戦跡）に赴き徹底して取材した。荻洲も協力を惜しまず、その結果、フジタの戦争画として代表作となる「哈爾哈《ハルハ》河畔之戦闘」が完成する。

この絵は東京国立近代美術館で鑑賞することができるが、そこに描かれているのはソ連軍に立ち向かっている勇敢な日本軍（歩兵）たちだ。実際には相当に過酷な状況であったというが、この頃の戦争画はあくまでもプロパガンダの一環であり〝真実〟を描くことが許されなかったのである。しかし、「哈爾哈河《ハルハ》畔之戦闘」には二枚目があるというのが通説だ。すなわち、よりノモンハン事件の真実に迫った絵が存在するという。荻洲の息子はそれを実際に見たようだが、死体が積み上がるなど限りなく凄惨な絵であったようだ。

この経験を通して、フジタは何かに取り付かれたかのように戦争画にのめり込むこととなる。また、「哈爾哈《ハルハ》河畔之戦闘」をきっかけとしてフジタは帝国芸術院の会員に推挙された。このことは日本画壇から一定の地位を与えられたことを意味する。さらに一九四三年には、陸軍美術協会の理事長に就任するに至った。大東亜戦争中、実際に幾多の画家が戦地に赴いたフジタは数々の戦争画を残している。フジタ以外にも多くの画家が戦地に同行したが、「美術的価値のある戦争画を描いたのはフジタだけ」と評された。

そのフジタの絵は、現在でも多くの人の心を揺さぶっている。中でも特筆すべきは、一九四五年の終戦直前に描いた「サイパン島同胞臣節《どうほうしんせつ》を完《まっと》うす（サイパン島玉砕）」だ。これは、世界の近代美術史では類がないほど凄惨な絵として知られる。

高い危機意識と共に

戦争画に没頭したフジタだが、国際感覚を持ち合わせていたからか、戦況をとても冷静に観察していたようだ。実際、一九四二年くらいから日本は負けると考えていたフシがある。この年、日本本土ははじめて空襲に遭うのだが、それでも国民の間に防空壕を積極的に作ろうという雰囲気は醸成されなかった。実際、本土に対する空襲が本格化するのは一九四四年に入ってからである。しかしフジタは同年に一時帰国した際、近所のどこよりも早く庭先に防空壕を作った。また一九四四年には、いち早く神奈川県の僻地（相模湖の奥にある小渕村）に疎開している。多くの修羅場をくぐってきただけに、危機意識は人一倍強かったに違いない。

フジタは相模湖の疎開先に芸術家のコミュニティを作ろうと東京から若手の

画家を集めることにした。実際、フジタの呼びかけに応えた三人の若い芸術家が疎開している。

この年の秋、フジタら複数の画家は軍の情報局から呼び出しを受けた。そこで当局者は、国民の士気を高めるために改めて戦争画を描いて欲しいと依頼する。しかし当時、フジタら従軍した画家だけでなく多くの国民は戦況の悪化を肌で感じるようになっていた。フジタは、この時点で日本の敗戦を完全に悟っていたと考えられる。それでも軍部のプロパガンダは依然として続いており、当然のごとく敗戦などというワードは間違っても口にできなかった。

そこにフジタが一石を投じる。情報局との会合の帰り道、フジタは同じく会合に参加していた画家の宮本三郎の腕を掴んでこう言ったのだ――「この腕は、大事なものになりますよ、宮本君。軍はまだ戦争画をかけといっているがね、もう、あぶない、あぶない、ひかえた方がいい。お互い、腕を使うのは、これからですよ」（『評伝　藤田嗣治』田中穣著より。以下、カギかっこ内会話同）。

突然の呼びかけ、しかも突拍子もない内容に驚いた宮本は、混乱しながらもこう聞き返した。――「これから?」。

ここで、本章冒頭のフジタの台詞が登場する――「そう、日本が負けてから。日本が負けても、おれや、君は困らない。腕を持っているからね、デッサンを持っているから。これさえあれば、いつでもどこでも食ってゆける。ありがたいことに芸術に国境はないんだ」。

そして翌年の一九四五年八月一五日、ご承知の通り日本は終戦を迎える。それと同時に、フジタの第三の人生がはじまることになった。

というのも、フジタは戦時中にもっとも多くの戦争画を描いて高い評価を得たのだが、戦争が終わるとフジタ一人に責任を押し付けようという機運が他の画家たちの間で高まったのである。終戦直後から、日本画壇の間ではGHQ率いる占領軍が戦争画に加担した自分たちに仕打ちをするのではないかという憶測が飛び交うようになった。そこで、日本の画壇はフジタに責任をなすりつけようとしたのである。

危機意識の高いフジタは、戦争画に関連したスケッチなどを庭先で焼き払った。さらには、後輩の宮本三郎たちにも万が一に備えるよう手紙にて伝えている。資料を焼き払った数日後、フジタの元を一人の若い米軍将校が訪ねた。最後の妻となった君代は、夫がどうにかなってしまうのではないかとこれを怖がったが、フジタは「なにも、そんなにこわがることはありませんよ」となだめている。しかも不思議なことに、フジタの言ったように恐ろしいことなど起きなかった。この後、意外な展開が待っていたのである。

戦犯にさせられる寸前、GHQに救われる

先に述べたように、戦前をパリで過ごしたフジタはフランスだけでなく世界的にも高名な存在であった。それゆえ、フジタの元を訪れた若い将校もフジタのことをあらかじめ知っていたのである。しかもこの将校は、文化情報通であり芸術に精通していた。そんな二人は、以下のような会話をしている（『評伝藤田嗣治』田中穣著より。以下、カギかっこ内会話同）。

「国際的に高名なあなたは、まずいことに、戦争画をかきましたね」

「幸か不幸か、おれは日本にいた。そのために日本の戦争を描いたが、仮にパリかニューヨークにいたら、パリかニューヨークの戦争を描いていたろうね」

「あなたほどの画家は、どこにいても、戦意昂揚の絵は控えるべきでした」

「おれは、軍には協力していない。画家として、戦争を記録しただけだ」

「しかし、誤報された勝利を描いていて、どうして本当の戦争記録画が描けましたか？」

「おれは、サイパンや、アッツもかいている。日本の敗戦をありのまま記録している」

「ノモンハンや、真珠湾の絵は、どうです？」

「ノモンハンも、真珠湾も、不幸にして実際にあった話だ。記録に忠実なら、それに触れずにすませるわけにはいかないだろう」

「あなたは、日本の軍国主義者たちと共謀して、虚偽と歪曲にみちた戦意昂揚画をかいていた。ファッショの画家、ということにされている。しかも、なおあなたに都合の悪いことに、あなたは日本の戦争画協会の会長として、軍の圧力に服従しなかった画家たちの弾圧に手を貸した注意人物、とされている」

「とんでもない。おれは、日本にいるただひとりの国際的な画家だ。戦争の記録画でも、ほかの日本人画家のだれよりもすぐれた作品を描いた。当然、戦争記録画でもおれは第一の画家になったが、日本のファッショに協力したのでもなければ、いわんや、一人の敵とも戦ってはいない。絵筆を動かすことを除いてなにもしていない。同業のどんな画家と争ったこともなければ、弾圧したなど、とんでもない誤解だね」

「そうであってくれることを、われわれは希望しているんです。国際的に高名な、あなた自身のためにも、そうであってくれることをわれわれは願っているんです」

「ありがとう」

「恐らく近い間に、われわれの手で、徹底的に日本の軍国主義指導者の責任を追及することになります……。しかし、あなたは、その一人でないことを認めましょう。すくなくとも、ぼくは、認めましょう」

フジタは戸惑った。発言の内容から、この若い将校は何の目的で来たのかわかりかねていたという。また、口ではうまいこと言っていても本心は違うところにあるかもしれないと訝しがった。そして、会話はさらに続く。

「ぼくのいる限り、あなたは安心していていいでしょう。なぜなら、絵に理解を持つぼくは、以前からあなたを尊敬し、いまこうしてお会いできて、あなたがいっそう好きになりました」

「ありがとう」

「ぼくたちは、よろこんで握手しましょう。ぼくたちのこれからの友情のために」

フジタは握手に応じたものの、やはりこの将校の真意を測りかねていた。すると、将校はさらに驚くべき発言をする。

「さあ、ぼくたちは、仲のいい友人です。一緒に、その辺までドライブしませんか？　ついでに、ぼくの上司と会っていただくと都合がいい。あなたのこれからのためにも、たいへん、都合がよくなるはずです。厚木まで、一時間もかかりませんが。どうです、行きませんか、一緒に？」

フジタの疑念は深まるばかりであったが、彼は、きっぱりとこう返事をした――「よろしい。お供しよう。君の友情を信じて」。

結局、フジタは厚木を通り越して日比谷のＧＨＱ（現在の第一生命ビル）まで連れていかれ、そこで文化担当官のミッチェル少佐に引き合わされた。そしてこれを期に、フジタはＧＨＱ内で人気者となる。米軍の関係者が高名なフジタに絵を描いてもらうためにこぞってフジタの元を訪れるようになったのだ。絵を描いたフジタは多くの返礼品をもらい、多くの人が困窮していた時代にも関わらずフジタの懐はとても潤うことになる。

余談だが、フジタがＧＨＱと仲良くなった経緯については諸説あり、真相はわかっていない。フジタの元を訪れた若い将校が、パリ時代から画家の仲間であったミュラーという人物であったという話もある。ミュラーは米軍の従軍画家を務めていて以前から慕っていたフジタを探し、ミッチェル少佐に引き合わせたというのだ。日本画壇は総じてＧＨＱと仲良くするフジタを毛嫌いしたこともあり、フジタとＧＨＱを巡っては多くの憶測が飛び交っていたに違いない。

「この世で何よりも頼れるのは〝ダイヤモンド〟」

話を本題に戻そう。広く知られているように、戦後の日本は激しいインフレに見舞われていた。インフレを収束させようと時の日本政府は財産税の課税に先だって「預金封鎖」と「新円切換」を実施している。この目的は、財産税を課税するための調査の時間を稼ぎつつ、課税資産を国があらかじめ差し押さえることだ。預金封鎖と新円切換は一九四六年二月一六日に発表され、翌日に施行されている。これによって、莫大なタンス預金を持っていた者も銀行に預金せざるを得なくなり、預金の引き出しも制限（世帯主は一ヵ月に三〇〇円、家族一人につき一〇〇円）されることとなった。

預金封鎖は一九四八年七月に解除されたが、その間も高率のインフレが続いたため、封鎖されている間に預金の価値が目減りし、税引き後の預金は最終的に一七分の一にまで減価したと言われている。余談だが、一九四六年の物価上昇（インフレ）率は五一四％、四七年が一六九％、一九四八年が一九三％であった。このようにして、国民の預金はほぼ価値を失ったのである。悲惨という他ない。

そんな状況下でもフジタは食うに困らなかったのである。ＧＨＱ内で人気者となったフジタは、米国人に自身の新作を売ったり、肖像画を描いてあげるなどして大量の新円を受け取り、しかもその新円をせっせとダイヤモンドに変えていたのだ。

「先生にいわせると、貨幣なんてものは当てにならない。この世でなによりも頼れるのは、ダイヤモンドだというんですな。まず美しい、保存も、持ち運びも簡単で、すぐに換金できる。フランスにいたとき、先生は戦争になると画材とダイヤを持ってよその国へ行って、絵の売れないときはダイヤで食いつないだそうで。この話、実際、よく聞かされたものです」（『評伝　藤田嗣治』田中穣著)。

　これは、戦時中から銀座でも有数の道具屋を営んでいた藤田光輝という人物の回想だ。戦後、この藤田光輝は生活に困って宝石類を手放す人たちを相手にした商売に熱を出したというが、その中でフジタはダイヤの買い手として上得意の一人だったという。フジタはパリで暮らしているうちに国際感覚を養い、自然と資産防衛の術を身につけていたのだ。

　おそらく、多くの国籍や人種が集まったパリで、戦前、戦中に多くの国で不換紙幣が紙キレと化したエピソードを耳にしたのだろう。実際、フジタが戦中に赴いた中国では、乱立した複数の不換紙幣が最終的に無価値となっている。

　ところで、フジタがGHQと内通してから日本画壇の間ではフジタを巡る不穏な噂が流れはじめる。それは、GHQが日本の戦争画を収集することにフジタが協力したことに端を発した。日本の画壇は、この行為を「(戦犯の) 裁判の証拠品を集めている」と誤解。すぐに画家たちの不安をあおるような噂が広まってしまった。実際、一九四五年一〇月一四日付の朝日新聞にはフジタを強く批判する記事までが登場している。

フジタは大いに反論したが、日本画壇からの嫉妬もあり、もはや国賊の扱いを受けるようになった。しかし、一九四七年にＧＨＱが公表した戦争犯罪者リストに画家の名前はなく、フジタにかけられた嫌疑が誤りであったことが判明する。それでも、フジタへの批判が収まることはなかった。

国賊の扱いを受けていたフジタは、ＧＨＱがかねてから再びの渡仏を確約してくれていたこともあり、一九四九年三月に米国を経由してパリに向かう。日本を出る際、フジタが手にしていた絵の具箱の絵の具チューブの中にはぎっしりとダイヤモンドが詰め込んであった。それは、アメリカでもフランスでも五年や一〇年は食うに困らないほどの量であったという。

ダイヤモンドという形でフジタが資産を持ち出したのには、わけがある。日本では終戦から一九六四年まで、外貨の持ち出しが厳しく制限されていたのだ。東京オリンピックを控えた一九六四年四月一日に規制は緩和されたが、それでも「（外貨の持ち出しは）年一回、五〇〇米ドルまで」という具合である。フジタが日本を後にした一九四九年など、まさに統制経済の真っ盛りだ。いくらＧＨＱが渡仏を確約してくれたとはいえ、画壇だけでなくメディアまでもが「フジタは絵を売って日本から逃げるための外貨を蓄えている」と噂したため、フジタはダイヤモンドで持ち出すという極めて合理的な行動に出たのである。

フジタは日本を去る際にこういった言葉を残した――「絵描きは絵だけを描いて下さい。仲間げんかをしないで下さい。日本画壇は早く世界水準になって下さい」。

これ以降、フジタは二度と日本には戻らなかった。日本の美術界にとってもフジタは長年にわたってタブーな存在であり、展覧会なども開催されることもなく、ようやく開催されたのは二〇〇六年のことである。

晩年のフジタはフランス国籍を得て、さらにはキリスト教の洗礼を受けてレオナール・フジタとなった。子供がいなかったフジタは、年を取るにつれ子供の絵ばかりを描くようになり、一九六八年に八一歳で亡くなっている。

肝っ玉と知恵があれば、インフレだって怖くない

このフジタという人物は、私たち日本人に計り知れないほどの教訓を残してくれた。それは画家としての不屈の魂と、また国際感覚を身につけることの重要さである。絵描きとしてのフジタの評価は美術家に譲るとして、私はフジタの危機意識の高さに注目したい。ダイヤモンドのエピソードもさることながら、防空壕をいち早く作ったことにも目を見張る。それは国際感覚を身につけていたからこそできたことであり、今を生きる現代人にも必要な要素だ。

今はフジタが生きた時代と違い、海外旅行なども気軽に行ける。規制が強まっている（そのほとんどはいやがらせだが）とはいえ、国境をまたぐ資本の移動も原則は自由だ。それでも、現代の日本人が国際感覚を身につけているとは言い難い。それどころか先進国という立場にあぐらをかいて、危機など自国では決して起きることがないと考えている人が依然として多くいる。

しかし、事実として世界の地政学は再び一九三〇年代よろしく激動期を迎えており、日本とて例外の立場ではない。それでなくとも日本は深刻な財政リスクを抱えている。私たちは今一度、肝っ玉と知恵（ダイヤモンド）で苦境を脱出したフジタに学ぶべきだ。

日本の経済史に詳しい日本総研調査部主任研究員の河村小百合氏は、戦後の債務調整を省みながら、次のように警鐘を鳴らしている。

（戦後の事実から明らかになるのは）国債が国として負った借金である以上、国内でその大部分を引き受けているケースにおいて、財政運営が行き詰まった場合の最後の調整の痛みは、間違いなく国民に及ぶ、という点である。一国が債務残高の規模を永遠に増やし続けることはできない。「国債の大部分を国内で消化できていれば大丈夫」では決してないのだ。（中略）今後のわが国が、市場金利の上昇等により、安定的な財政運営の継続に行き詰まった場合、それが手遅れとなれば、終戦

後に講じたのと同様の政策を、部分的にせよ発動せざるを得なくなる可能性も皆無ではなくなろう。この点こそを、現在のわが国は、国民一人一人が、自らの国の歴史を振り返りつつ、しっかり心に留めるべきである。（二〇一三年八月一九日付ダイヤモンド・オンライン）

ユダヤ人と客家に学ぶ激動期の生き方

「ダイヤモンドは小さいので、有事の際、持って逃げられる。政治、経済などの影響を受けにくく、法律上の手続きなしに子孫に譲り渡せる」（週刊ＡＥＲＡ二〇一七年七月一七日号）。ユダヤ人とダイヤモンドの関係は切っても切れない。それはダイヤモンド・ビジネスの成り立ちにユダヤ人が関係しているからという理由だけでなく、ユダヤ人は資産保全の観点からもダイヤモンドを最重要視しているからだ。

長きにわたって祖国を持たず世界中を放浪してきたユダヤ人は、第一次中東戦争（一九四八年）の最中に晴れてイスラエルを建国するが、現在でも頻繁に周囲を取り囲むアラブ諸国から攻撃を受けている。その状況を打破しようとイスラエルは核武装までしたが、脅威は去っていない。

たとえば、イスラエルを地図上から消すと言って憚らないイランは、イスラエルまで届く弾道ミサイルの実験を繰り返し、核の保有まで画策している。それゆえ、イスラエルは核シェルターの設置率（対人口比）が一〇〇％と、国家も国民も危機意識が非常に高い。同じように北朝鮮からの脅威に晒されている日本の状況とは雲泥の差である。

「困る前にダイヤを買っておけ」――これがイスラエルの人の口癖だ。彼らは平和などあくまでもつかの間のことだと理解しており、容易に持ち出せるダイヤモンドを普段から重視する。こうした危機意識を私たちも少しは見習いたい。

高い危機意識という点では、いわゆる〝東洋のユダヤ人＝客家〟も同じだ。

唐突だが、皆様は「商人」という言葉の語源をご存知だろうか？　これには諸説あるのだが、有力な説の一つに客家（華僑）に由来するというものがある。

紀元前一七世紀から同一〇四六年まで、中国には「殷」という王朝が存在した。日本ではこの殷という呼び名が定着しているが、正式には「商」と言われたこの王朝は、中国において考古学的に実在が確認された最古の王朝として知られる。その商は紀元前一二〜一一世紀頃に「周」に滅ぼされた（時期については諸説あり）。中国ではよくあることが、王朝の消滅後、商の人たちは周に虐げられ、土地の所有権などはすべて剥奪されてしまう。すると商の人たちは各地にちらばり、物の売買で生計を立てるようになった。そもそも、商の人たちは物の売買に長けていたと言われる。そのうち、物の売買を生業とする人たちを「商人」と呼ぶようになったというわけだ。

そして、この商人こそが現在でいうところの客家（華僑）のルーツだとされる。客家人は古い中国語の発音を残した客家語を話し、要塞のような住居（福建土楼）に集団で住み、頻繁に移住を繰り返した。近代になるにつれ、台湾や東南アジアに移住した者も多くいる。彼らは過去の経験から定住（土地の所有）を嫌い、流通や商業などどこでもできる仕事を好んだ。原住民との抗争（土客械闘）も頻繁に起きたという。多くの差別や不幸な境遇に遭ったこともあり、彼らは基本的に反骨心や団結心が強い。また、子弟の教育にも熱心だ。まさに、東洋のユダヤ人と言われるゆえんである。

数々の激動期を潜り抜けてきた客家は、多くの〝大物〟を輩出した。たとえば、辛亥革命を率いた孫文（客家は革命を財政面から支援した）、中国に改革開放を導入した鄧小平、シンガポールを建国したリー・クアンユー、台湾初の民選総統の李登輝、タイの首相を務めたタクシンやインラックなどが客家の出自である。また、現在の中国共産党にも客家をルーツに持つ者が多い。

日本経済新聞（電子版二〇一七年三月三一日付）によると、現在、客家をルーツとしたいわゆる華僑は世界に推定で六〇〇〇万人いるとされる。彼らを国家にたとえると、人口規模は世界で二五位だ。資金力も半端ではない。米フォーブス誌によると二〇一六年版の富豪ランキング（保有資産が一〇億ドル以上）における華人（移住先の国籍を取得した中国系住民）の選出者数は日本人の二倍以上だ。数兆ドル規模の資産を持っていることもあり、とりわけＡＳ

EAN諸国（タイ、インドネシア、フィリピン、マレーシア、シンガポール）などでは圧倒的な経済的プレゼンスを発揮している。ASEAN経済の七〜九割を華人が占めている、と表現されることもしばしばだ。

今、この華僑が改めて注目されている。その理由は、単純にアジアの経済が爆発的に発展すると同時に、華僑の経済的な影響力がさらに高まってきているためだ。

ダイヤや金《きん》を身につけて

多くの困難を乗り越えてきた華僑は、ユダヤ人と同じでとにかく危機意識が高い。昨今はまさに激動の時代である。率直に言って、平和のぬるま湯に浸かっている日本人は彼らから多くを学ぶべきだ。

彼らはよく、大事なものは何かと聞かれた時にこう答える——「縁と根性、それに資産防衛だ」と。これは華僑に限らず本土の中国人についても言えるが、彼らは分散投資を徹底している。対象は、不動産、貴金属、美術品、骨董品など幅広い。本土の人は資本規制によって海外への投資は毎年五万ドル相当までという上限があるが、それでも海外も含めて積極的に分散投資を実行している。

中国四〇〇〇年の歴史と言うが、その長い過程において中国ではいくつもの王朝が倒れては生まれた。基本的に、貨幣などの経済システムはその都度リセットされる。そうした中国の〝習慣〟は不変的と言ってよい。最近の代表例は、一九三〇年代に国民党政府が発行した「法幣」だ。

その貴重な資料が、上海の旧フランス租界（新天地）に位置する中国工商銀行の博物館に眠っている。この旧フランス租界というエリアは昨今、上海ではナンバー1のファッション・ストリートに変貌したのだが、中でも有名なのが新天地だ。かつては住宅地であった同エリアは現在、北里と南里に分かれ、石庫門つくりの老房子（フランス租界地域に建てられた住宅）の隙間を縫うように大小の高級ブティックが集う。中国共産党が創立された場所としても有名だ。

銀行博物館はそんな新天地の一角にある。この博物館では、実際に使われた貨幣などおよそ二万点の資料が収容されており、一九世紀から現在に至るまでの上海の金融の歴史を学べる貴重な場だ。

この博物館の展示物の中に「六〇億元札」なるものがある。四七ページの写真を参照していただきたい。これは国共内戦時に蔣介石率いる国民党が発行したプリンティング・マネー（不換紙幣）だ。そして驚くべきことに、当時の最高紙幣であるこの六〇億元で買えたものは、「七〇粒ほどの米」だと記されている。

「戦後のハイパーインフレ」と聞くと、日本のケースを想像される方も多いと思うが、中国では日本のそれ以上に激しいインフレが起きていたのだ。詳しい統計は残されていないが、一九三七年から一九四八年までに上海の物価はおよそ一〇兆倍になったとされる。

銀行博物館は、中国共産党がいかに優れた通貨政策を持って国民党を破ったのかが刻々と説かれているプロパガンダ施設なのだが、ほとんどの中国人は共産党の美談に興味を示さない。この国でハイパーインフレが起きたという事実

中国工商銀行博物館。
中国の銀行が歩んできた
歴史がよくわかる。

1949 年当時の最高紙幣「60 億元札」。
この紙幣で買えたのは右側のわずか蓮華一さじの米だ。

にだけ関心を示すのだ。そして、こう悟るのである——「二度あることは三度あるものだ」。

　華僑を含め中国人は、発行体リスクのないダイヤモンドや金《きん》などを本能的に好む。東南アジアを旅行されたことのある方ならわかるかもしれないが、現地に住む華僑で、服はぼろぼろだがダイヤモンドの指輪や金《きん》のネックレスといった装飾品を身につけている人が少なくない。華僑がそうした装飾品を身につける理由はファッションと同時にリスクヘッジが目的だ。これは前述したようにユダヤ人やインド人などにも共通する精神である。多くの混乱を逃れてきた彼らの思考は自然と次のようになるのだ——「せっかく手に入れた広大な邸宅も、家具や調度品も有事の際には持ち出せない」。

　実際、華僑やユダヤ人はダイヤモンドや金《きん》、米ドルといった世界中で通用し、容易に持ち出せるものを好む。彼らは基本的に体制や国家というものを信じない。ある意味で、徹底した個人（家族）主義とも言える。日本人のような農耕民族とは根本的に考え方が違っており、中国人には公という概念がほとんどな

金とダイヤの消費需要上位国

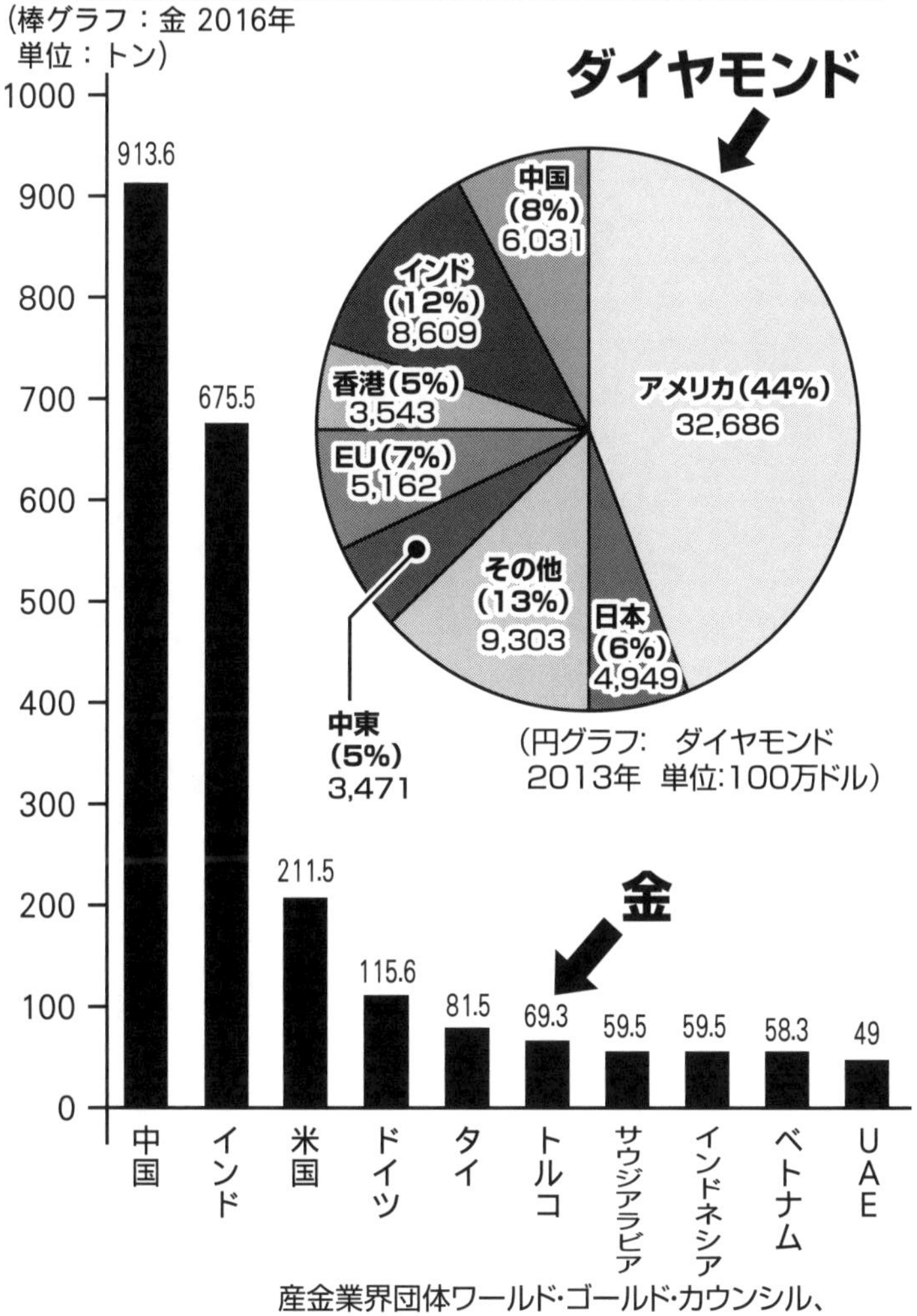

産金業界団体ワールド・ゴールド・カウンシル、
Equity Communicationsのデータを基に作成

く、もっとも優先すべきは家族の幸せだ。体制など、何かあればすぐに滅び去ると常に警戒している。

私はユダヤ人や華僑の歴史を省みて、日本が間もなく滅びると言いたいのではない。しかし、最悪の事態を常に想定しておく必要があると言いたいのだ。日本を巡る地政学は、一九三〇年代のような激動期に突入している。こういう時勢下では、常に最悪の事態を想定しておくことが肝要だ。

率直に言って日本人の多くは平和ボケに陥っており、少なからずユダヤ人や華僑の精神を学ぶ必要があると感じる。明日、北朝鮮のミサイルによってわが家を追われる可能性だってゼロではない。そうした最悪の状況に陥った時、容易に持ち出せるダイヤモンドは命綱になるであろう。

第二章　デビアスがダイヤ価格を牛耳っている⁉

ダイヤモンド戦争

ＭＩ５――正式名称「Military Intelligence Section 5」、軍情報部第5課は、ＭＩ６と共に有名なイギリスの諜報機関である。そのＭＩ５は、第二次世界大戦中、諜報史上もっとも巧妙な作戦を成功させた。その作戦とは、「ダブル・クロス・システム」と呼ばれ、イギリスにいるドイツ側スパイ全員をイギリスの二重スパイに転向させたのである。

ドイツ側がこれらの二重スパイの報告を信頼できる報告と鵜呑みにしたため、ＭＩ５はイギリスの行動に関する虚偽の事実をドイツに流すことに成功した。第二次世界大戦開戦当初、ドイツ軍による本土上陸さえ危ぶまれたイギリスが反撃に転じた裏には、このＭＩ５の暗躍があったのだ。

この時のＭＩ５長官は、パーシー・シリトー。一九五三年に退任したシリトーは翌一九五四年、イギリスから遠く離れたアフリカにいた。ある会社に招聘《しょうへい》されたのだ。そのある会社は、ダイヤモンドの密輸を一掃するために、巨額のマネーでシリトーを雇ったのである。ダイヤモンドの密輸は、ある会社がコントロールするダイヤモンドの独占価格を切り崩す恐れがあった。

シリトーはイギリス公安機関から第一線の諜報員を雇い入れ、活動を開始した。調査を進めて行くうちにシリトーは、問題は南アフリカの採掘鉱から盗み出される少数のダイヤモンドではなく、アフリカの中西部から流出する大量のダイヤモンドであることを突き止めた。

特に問題だったのは、アフリカ西部の国・シエラレオネで密かに採掘されるダイヤモンドであった。シエラレオネでは河岸にダイヤモンドが散在しており、夜になると多くの原住民が河岸を掘っていた。彼らはそのダイヤモンドをバイヤー（主にレバノン人商人）に売り、バイヤーはフリーパスの国境を越えて隣国リベリアに持ち込んだ。そして、シエラレオネ産のダイヤモンドの半数以上は、リベリア産ダイヤモンドとして売られていると判明した。

シリトーは調査を続けるうち、シエラレオネ原住民の採掘をやめさせようとするのは無駄だという結論に達した。人員不足のシエラレオネ植民地警察（当時シエラレオネはまだイギリスの植民地であった。一九六一年独立）が仮にその気になって何千人もの原住民採掘者を捕らえたところで、他の原住民がそれに代わってやることだろう。

作戦を成功させるには、ターゲットを正しく定めなければならない。シリトーは、ターゲットを取引の背後にいるレバノン人バイヤーに定めた。シリトーの部下たちはまず、シエラレオネとリベリアで、独立のダイヤモンド・バイヤーを装う大勢の秘密工作員をスカウトした。これら工作員は、レバノン人商人と接触の上、彼らが売りさばいていた額よりずっと高い金額で大量の密輸ダイヤモンドを買うと持ち掛けた。

この闇市場で手に入るダイヤモンドの量は、百戦錬磨のシリトーすらたじろがせるほどのものであった。情報を得るためのこの活動を続けるには、五〇〇万ドル以上のダイヤモンド購入資金が必要であった。そして、イギリス植民地でそれだけのドルを手に入れるには、イギリス政府の許可が必要であった。シリトーは、辛うじて均衡を保っているイギリスの国際収支にとってダイヤモンドは重要なファクターであると言ってイギリス当局を説得し、密輸ダイヤモンドを買い上げるためのドル資金を得た。

こうして闇市場に入り込んで行くことによって、シリトーの工作員たちはシエラレオネの原住民が採掘したダイヤモンドが、リベリアの中継港を経由してベルギーの卸売市場に回っていること、そしてさらにその先のヨーロッパやソビエトのバイヤーまで突き止めた。この流れにいる誰もがうまい汁を吸うことができ、しかも逮捕される危険性が最小限である限り、密輸者たちにこの取引をやめさせることはできない。

そこでシリトーは決断する――毒を以て毒を制すと。シリトーは、ジャングルの中でダイヤモンドを運ぶ密輸者たちを襲う私的な傭兵部隊を雇った。この傭兵の中でもっとも機略に富んでいたのは、レバノン人商人フレッド・カーミルだった。彼は何年もの間、シエラレオネからリベリアに向かうルートで武装した傭兵によって密輸者たちを（に限らず商人や旅行者も）襲い、金を巻き上げていた。一九五六年、シリトーの組織はカーミルに対し魅力的な取引を申し出た。カーミルが襲撃しやすいように、シエラレオネからリベリアに向かうダイヤモンドの積荷の正確な動きについて、秘密の通報者からの情報を伝える。そして襲撃によって奪ったダイヤモンドは、ある会社に引き渡し、その報酬としてカーミルには価格の三分の一を現金で手渡す。

カーミルはその提携に同意した。カーミルにとってこれほど美味しい話はそうあるものではなかった。お金の話ばかりではない。これはカーミルが警察の保護を受けることとさえ意味していたからである。

襲撃の一端をお見せしよう。ダイヤモンドを運ぶキャラバンが、シエラレオネのジャングルを出てリベリアとの国境にかかる橋に向かう。すると突然、地雷と照明弾が周囲至るところで破裂し、ついでカーミルの傭兵たちのライフルが炸裂する。それは「ダイヤモンド戦争」だったと、後にカーミルは述べている。一九五七年、シリトーはある会社のための自分の使命が首尾よく完了したと判断し、イギリスに帰って行った。

アフリカの征服者が設立した「デビアス」

世界トップクラスの諜報機関であるＭＩ５の前長官を雇い入れ、イギリスの植民地政策をも動かした「会社」とはどこか。——それこそ、あの「デビアス」である。デビアスは当時、世界中のダイヤモンドを支配していた。その支配は、採掘・加工・流通、すべての工程においてである。

アフリカ南部の国・ジンバブエとザンビア。この二国を合わせたエリアは、かつてローデシアと呼ばれるイギリスの植民地であった。五〇代以上の読者には、南アフリカと共にアパルトヘイト（人種隔離政策）の悪名高かった国として記憶されている方もいることだろう。このローデシアの名前の由来となった人物はセシル・ローズ。ローズが打ち立てた国・ローデシアは滅んでしまったが、ローズが打ち立てた会社は今も世界的に大変な影響力を持っている。それが、デビアスだ。

アフリカ南部にイギリス本国の四倍半にも相当する広大な植民地を築き、「アフリカのナポレオン」と呼ばれた征服者ローズであったが、そもそも南アフリカにやってきた動機は健康のためであった。ローズは少年時代、虚脱した肺と弱い心臓を抱え、医者から「あと何年も生きられまい」と言われていた。イギリス・ハートフォード州の貧しい牧師だった彼の父は、もし快癒しなくても少なくとも温暖な気候で安らかに死ねるようにと、一八七〇年九月一七歳の彼を南アフリカにいる兄の元へ送り出したのだった。

病弱なローズであったが、南アフリカにやってきた彼には壮大な夢があった。その夢は、今の観点からすればトンデモナイ驕りと差別意識に満ち満ちたものであったが、この夢が彼に生きる力を与えたのは間違いない。その夢とは、「大英帝国を世界中に拡大したい」というものであった。彼はイギリス人（アングロサクソン）こそもっとも優れた人種であり、アングロサクソンにより地球全体が支配されることが人類の幸福に繋がると信じて疑わなかったのだ。

南アフリカに着いたローズはさっそく、この壮大な夢を実現するための資金獲得に向けて動き出した。ダイヤモンドの採掘である。ローズが南アフリカに行く数年前に、はじめて南アフリカでダイヤモンドが発見された。南アフリカはダイヤモンド・ラッシュで狂乱状態にあった。若きローズはその狂乱の渦の中で次第に頭角を現し、一八八〇年二七歳にして鉱山都市キンバリー最大の採掘鉱所有者となり、デビアス鉱業会社を設立する。ちなみに「デビアス」とは、元々彼の兄の鉱区があった農場の所有者の名前である。ローズとは何の関係もないこの名前が、その後世界中に轟くことになったのである。

ダイヤモンド・ラッシュに沸くキンバリーであったが、ダイヤモンドで大儲けするのは大博打でもあった。ダイヤモンド価格は乱高下したからである。キンバリーの諸採掘鉱が何トンものダイヤモンドを吐き出しダイヤモンド商人たちがそれを吸収できなくなると、価格は一カラット数シリングにまで暴落。採掘鉱は閉鎖され、鉱区は放棄された。

「価格をコントロールしなければならない」――そう考えたローズは、次の計画に乗り出す。他のすべての鉱業会社をデビアスが吸収合併するという計画である。着々とその計画を実現させて行ったローズのデビアスは、一八九〇年には世界のダイヤモンド産出量の実に九五%を支配するに至った。ダイヤモンド価格はもう乱高下することはない。ダイヤモンド価格はデビアスの意のままであった。こうしてダイヤモンド価格は、高値で安定するようになったのである。

一九〇二年、ローズは四八歳で死ぬ。ローズは生涯独身だったから、跡を継ぐ子供はいなかった。跡を継ぐことになったのは、ドイツから来たユダヤ系の若きダイヤモンド商人・アーネスト・オッペンハイマー。その後オッペンハイマー家は、アーネスト、ハリー、そしてその息子のニッキーの三代一世紀にわたってデビアスに君臨し、世界のダイヤモンド市場を支配することになる。その支配ぶりを象徴する、「サイト」についてご説明しよう。

苛酷な掟で縛り上げる独占システム「サイト」

デビアスが世界中から集めたダイヤモンド原石は、年に一〇回ロンドンで行なわれる「サイト」と呼ばれる販売方法によって業者に供給される。このサイトに参加する資格を持つものは「サイトホルダー」と呼ばれ、デビアスの厳格な審査によって決められた。つまり、ダイヤモンドの原石を手にすることができるのはデビアスから選ばれたサイトホルダーだけで、ダイヤモンドの加工業者はこのサイトホルダーから原石を買う以外に方法がなかったのである。

そして、このサイトには驚くべき六つのルールがあった。

ルール①：ダイヤモンドの質・量に疑義を挟んではならない

ある加工業者が入手するダイヤモンド原石の数は彼の事業の規模を決定し、品質は彼の取引するダイヤモンド原石の収益性に決定的な影響をおよぼすから、入手するダイヤモンドの質・量は、研磨業として生業を立てる上で極めて重大な要素である。しかし、顧客であるはずのサイトホルダーにはそれを決めることはできず、交渉すらできず、供給するダイヤモンドの質・量を決めるのは絶対的に君臨するデビアスであった。

ルール②：価格については争ってはならない

サイトホルダーは値段に対して不平を言ってはならない。ダイヤモンドの市況によっては、加工業者が加工後に売る卸価格が下落していることもある。そうなれば、加工業者は値段に不平を言いたくもなる。しかし、それでもサイトホルダーたちはデビアスが決めた価格で買わねばならなかった。そうすることが、サイトに招かれる条件なのである。

一九七四年に卸価格が下落した際、当時アメリカの三大ダイヤモンド配給元の一つだったバウムゴールド兄弟社は、市場価格以上の額の支払いを拒否した。社長のジョゼフ・バウムゴールドは、自社の規模と彼の一族が常に忠実にデビアスと取引してきた実績ゆえに、サイトから外されることはあるまいと考えたのである。彼はデビアスに、「莫大な損失を被ることなしには、今回のダイヤモンドを研磨し、売ることはできない」と説明した。それでもデビアスが値下げを拒否すると、バウムゴールドはダイヤモンドの箱を突き返した。

その後数年間、バウムゴールド兄弟社はサイトに招かれなくなった。同社は、職人をレイオフし、工房を閉鎖しなければならない状態に追い込まれた。やっとサイトに復帰できた時、バウムゴールドは驚くべき発見をした。同社に割り当てられたダイヤモンドは、「クズ」ばかりであったのだ。

ルール③：デビアスが提示した箱ごと全部引き取るかあるいは無か

ダイヤモンドの原石には、様々な大きさ・形・色・透明度のものがある。たとえば、透明な八面体のダイヤモンドは、研磨し宝石に仕立てるのが比較的容易で利益も大きい。一方で、ねじれた結晶体のものもあり、こういうものは非常に熟練した技術が必要な割に低い利益しか生まない。デビアスは高い利益を生みそうなものと低い利益しか生まないであろうものとを組み合わせて、各サイトホルダーごとに箱に入れる。サイトホルダーがこの箱の中から欲しいものだけを選ぶことは、絶対にまかりならない。サイトホルダーは、提示された原石のすべてを買うか、それとも無か、なのである。

ルール④：未研磨のまま転売してはならない

デビアスはダイヤモンド供給の世界的独占を維持するため、世界の未研磨ダイヤモンドのストックを統制する必要がある。もし、割り当てられた原石の転売を認めたら、誰かがそれを買ってストックとして大量に貯えるかもしれない。それはダイヤモンドの独占価格にとっては大きな脅威となる。何かの理由でそれが一気に売りに出されれば、ダイヤモンドは大きく下落してしまうだろう。

一九七〇年代の後半、実際に大量ストック問題は発生した。第二次世界大戦後建国されたユダヤ人国家イスラエルには、ものになりそうな産業がダイヤモンド加工業くらいしかなかった。そのため、国策としてダイヤモンド加工業の発展を推し進めた。当初、デビアスからは利益の少ない小粒ダイヤモンドしか与えられなかったが、安い賃金で努力を重ね、一九六五年にはイスラエルはデビアスが分配する小粒ダイヤモンドの六分の五以上を受け取るまでになった。

そうなると、次は大粒ものにも手を伸ばしはじめる。一九七五年にはダイヤモンドはイスラエルの非農産物輸出品の四〇％近くを占めるようになり、従来世界のダイヤモンド加工の中心地だったベルギーのアントワープを駆逐する勢いを示すようになった。事態を憂慮したデビアスは、イスラエルへの割り当てを削減する。しかし、イスラエルは諦めなかった。デビアスの通常のサイトだけでは足りないので、イスラエルは第二次市場で未研磨ダイヤモンドを買い漁った。イスラエルのストックは、デビアスのそれに急速に近づいて行った。

しかし一九八〇年の世界的景気後退により、イスラエルでは何百もの加工業者が破綻。ダイヤモンド価格は、ダンピング（投げ売り）で一時急落したのである。

このような事態の再発防止のため、デビアスは未研磨ダイヤモンドの転売を禁止し、同時に未研磨ダイヤモンドを転売していた約四〇のサイトホルダーを追放した。この報復措置は、他のサイトホルダーにもよい見せしめとなった。

余談になるが、一八九三年にデビアスの全産出ダイヤモンドを売る契約を結んだロンドンのシンジケートは一〇の会社で構成されていたが、すべてユダヤ商人の所有だった。中世ヨーロッパのギルドにおいて、ユダヤ人が何か職業を持ちたければ、宝石研磨か金貸ししかなく、どちらに就いても彼らはダイヤモンドを扱った。一〇〇〇年にわたって、ダイヤモンドはほぼ完全にユダヤ人のビジネスだったのである。

ルール⑤：デビアスが求めるあらゆる情報を提供しなければならない

サイトに出席するに先立ち、サイトホルダーは詳細なアンケートに記入し、未研磨ダイヤモンドの在庫数、加工中のダイヤモンドの数、それまでに売れたダイヤモンドの数、その他加工事業に関連するあらゆる事柄を明らかにしなければならない。それればかりではない。顧客であるはずのサイトホルダーは、デビアスによる「ダイヤモンド査察」も受けなければならなかった。デビアスの係員はサイトホルダーを抜き打ちで訪問する。そして、経理台帳・ダイヤモンドの在庫・機械装置・従業員などをつぶさに確認し、それがサイト参加時の申告と一致するかチェックした。まるで、監督官庁のように。

ルール⑥：ダイヤモンドを安売りする業者に売ってはならない

ダイヤモンド価格を高値で維持するためには、価格競争・出血競争はいかなることがあっても避けなければならない。だから、値引きするような卸売業者や小売宝石店に売ることは禁じられた。

「四八時間以内に国外に退去すべし」

ここまで苛酷な独占的ルールに反旗を翻そうとした者はいなかったのか。先にバウムゴールド兄弟社のささやかな抵抗については述べたが、もっと大掛かりな勝負を仕掛けた者もいた。誰あろう、ハリー・ウィンストンである。今日においても「世界五大ジュエラー」（ハリー・ウィンストン、ヴァン クリーフ＆アーペル、カルティエ、ブルガリ、ティファニー）の一つに数えられるばかりでなく、唯一「キング・オブ・ダイヤモンド」と呼ばれ、ジュエリー業界ではブランドの〝格〟では頭一つ抜きん出ていると言われている、あの「ハリー・ウィンストン」である。

ハリー・ウィンストンは、一九〇〇年ニューヨークの安アパートで生まれ、一四歳で学校を終えると、宝石商を営んでいた父と同じ道を歩みはじめる。独自の人脈で販売を拡大し、一九四〇年には彼はアメリカ最大のダイヤモンド・ディーラーとなった。第二次世界大戦後、ウィンストンはさらに業務を拡大。ニューヨーク、プエルトリコ、イスラエルに自身のダイヤモンド工房を設け、またアメリカの最有力の卸元となって、主なデパートやチェーンストアにダイヤモンドを納入した。一九五〇年代のはじめには、アメリカの婚約ダイヤモンドの四分の一以上はウィンストンが販売するに至った。

ウィンストンには、デビアスからはもちろん大量の未研磨ダイヤモンドを与えられていた。しかしウィンストンは、自身のダイヤモンド鉱を手に入れ、デビアスを完全に出し抜くことを夢見たのだ。

一九五三年、ウィンストンは当時まだポルトガルの植民地だったアフリカ南西部のアンゴラにビッグチャンスを見た。当時、ポルトガル政府と契約更新を企てていたデビアスは、通貨の問題で思わぬ暗礁に乗り上げていた。デビアスは英ポンドでの支払いを求め、ポルトガルは外貨不足を補うため強く米ドルでの支払いを希望していたのだ。ポルトガル政府に通じる人脈を持っていたウィンストンは、ポルトガルの首都リスボンに飛び、デビアスよりも好条件を提示した。ウィンストンは米ドルでの支払いに何も異存はなかったし、また当時宝石用ダイヤモンド売上で世界の四分の三を占めていたアメリカの市場を、ポルトガルのために保証することもできた。

リスボンでのウィンストンのホテルに、デビアスのトップであるアーネスト・オッペンハイマーから電話がかかってきた。もし交渉の邪魔を続けると、デビアスからの供給は打ち切る。しかし、もし交渉から手を引けばサイトでの割り当てをぐんと増やす。アメとムチである。ウィンストンがこの申し出を受けるか思案しているところへ、驚くべき知らせが届いた。「四八時間以内に国外に退去すべし」。ポルトガル外務省からの最後通告であった。ウィンストンは、もっとも早いアメリカ行きの飛行機に乗る他はなかった。

ウィンストンが後日知ったところによれば、イギリス大使が直にポルトガル政府に働きかけ、もしポルトガルがデビアスの頭越しに直接ウィンストンにダイヤモンドを売ったりすれば、国際的なダイヤモンド組織自体が崩壊すると警告したのだという。それればかりではない。イギリス政府は、ウィンストンがポルトガル政府との交渉を取りやめてもう一度デビアスと契約しないならば、ポルトガルの重要な輸出品であるポートワインに対して輸入禁止措置をとると脅したのだ。イギリスはポートワインの主要な輸出先であった。ポルトガル政府は、ウィンストンを切るしかなかったのである。

新たな日本人の婚約の常識を作ったデビアス

日本は、明治維新によって一気に西洋近代化した。明治一六年（一八八三年）から明治二〇年（一八八七年）までの時期はいわゆる「鹿鳴館時代」と呼ばれ、上流階級の紳士淑女たちが洋装でドレスアップをして舞踏会にいそしんだ。

しかし、婚約・結婚に関する風習は西洋近代化されることはなかった。明治維新時ばかりではない。日本は昭和二〇年（一九四五年）からアメリカ軍による占領下に置かれた。アメリカ占領当局は従来の日本的な文化・風習は封建的悪弊であるとして断罪し、それがいかに古くさく時代遅れであるか、アメリカ式の文化・風習がいかに優れていて素晴らしいものであるかというプロパガンダを、厳しい言論統制下で展開した。占領が終わった後も、豊かなアメリカ人の生活スタイルは日本人を魅了し、「アメリカナイズ」という和製英語まで誕生した。しかし、それでも婚約・結婚の形は変わらなかった。

わが国における結納の起源は、遠く四世紀から五世紀頃、仁徳天皇の時代にまで遡る。仁徳天皇の皇太子（のちの履中天皇）が黒媛を妃に迎える時に贈り物（納采）を贈ったことが最初とされ、宮中儀礼の「納采の儀」として脈々と受け継がれている。

その後、室町時代には公家や武家に広まり、さらに江戸時代末期から明治初期には庶民の間にまで広がって行った。結納で贈られる品は、するめ（寿留女）やこんぶ（子生婦）、鯛などの縁起物である。それにダイヤモンドの婚約指輪が加わるようになったのは一体いつ頃からなのか？――アメリカ占領下でも広がらなかったその風習は、一九七〇年代に入ってから一気に広がって行った。

昭和三六年（一九六一年）まで、ダイヤモンドの輸入は政府によって許可されてさえいなかった。実際、東京オリンピックと大阪万博に挟まれた高度経済成長真っ盛りの昭和四三年（一九六八年）に、ダイヤモンドの婚約指輪を贈られた花嫁はどれくらいいたと思われるだろうか？――実は五％にも満たなかったのだ。ところが、その四年後の昭和四七年（一九七二年）にその数字は二七％に急上昇し、さらにその九年後の昭和五六年（一九八一年）には、その比率は約六割にまで跳ね上がる。一体何があったのか？　それこそ、デビアスのキャンペーンである。

そもそもダイヤモンドの婚約指輪を贈るという〝常識〟は、ヨーロッパにすらなかった。それは新興国アメリカが生んだ新しい〝伝統〟であった。第二次世界大戦前の一九三八年、全ダイヤモンドの約四分の三はアメリカで婚約指輪として売られていたのだ。アメリカが生んだこの新しい〝伝統〟を日本に普及する――。当初それは極めてハードルの高い試みに思われた。なんと言っても「アメリカ史上、一人の手にこれほど巨大で絶対的な権力が握られた例はなかった」と評されたマッカーサーですら変えることができなかった風習を変えようというのである。しかし、デビアスはそれをあっさりとやってのけたのだ。

昭和四二年（一九六七年）、デビアスは世界最大の広告代理店を使って、日本における̄ダイヤモンドの婚約指輪普及キャンペーンに乗り出した。日本の一流雑誌に一連のカラー広告を出したのだ。それは今では当たり前のイメージ広告であった。きらびやかに輝くダイヤモンドの指輪をつけた美しい白人女性と、同じく白人男性。背景も身につけている物も、みな当時の日本人の日常生活とはかけ離れていた。ダイヤモンドの指輪という、アメリカの現代的価値への憧れを日本人に植え付けること。この狙いが驚くほど当たったのだ。

一九七二年には、後にはこれが〝常識〟となる新しいキャッチコピーが登場する――「婚約指輪は給料の三ヵ月分」。こうして、婚約時には給料三ヵ月分のダイヤモンドの指輪を贈るという新しい〝常識〟は、見事に日本に定着したのである。

ちなみに、デビアスのキャンペーンは、日本以外でもドイツ・イタリア・オーストリア・ブラジルといった国々で繰り広げられた。しかし、これらの国々ではつつましい成功しか収めることはできなかった。これは、日本人の欧米コンプレックス・白人コンプレックスによるものなのだろうか……。

「フェイク・ニュース」そして「印象操作」

デビアスがアメリカ国内で広告代理店を活用しはじめたのは、第二次世界大戦前の一九三八年からだ。デビアスが契約した大手契約代理店は一九一九年の第一次世界大戦終結以後、アメリカで売られたダイヤモンドの数量と品質が一貫して低下していることを発見した。デビアスと広告代理店は、ダイヤモンドは愛の贈り物であり、ダイヤモンドが大きいほど愛情の深さを表すという考え方を植え付けねばならなかった。

映画やラジオ番組、さらにはニュースまで活用された。イギリス王室まで利用した。エリザベス女王を南アフリカのダイヤモンド鉱に招き、オッペンハイマーから女王に相応しい大粒のダイヤモンドが贈られた。これはもちろん大々的に報じられ、ダイヤモンドの至高の価値を全世界に発信した。

これは大掛かりであるが真っ当な仕掛けである。しかし、ニュースに関してはこんなことも行なわれた。ヨーロッパが第二次世界大戦に突入すると、戦争のあおりでアフリカ全土の採掘鉱は閉鎖され、ヨーロッパの各研磨センターは見捨てられて、ダイヤモンド・ビジネスは休業同然であった。にも関わらず、通信社を通じてこのようなニュースを広めたのだ。「宝石の王様ダイヤモンド、戦火を越えてふたたび最高位へ」「ダイヤモンド供給量に戦争の影響なし」「戦争がダイヤモンド研磨業にはずみ」「結婚件数増加、ダイヤモンド売上の伸びが示す」……今で言う「フェイク・ニュース」の先駆である。

デビアスの広告代理店は、このように言っていた。「重要なのは、ダイヤモンドを取り巻く永遠の情緒的価値だった」。情緒的価値、言い換えればイメージとして、ダイヤモンドは常に永遠に輝かしくなければいけない。そのためには、フェイク・ニュースも厭わなかったのである。こうしてわずか三年後の一九四一年までに、アメリカでのダイヤモンドの売上は五五％も急増した。

デビアスはさらに広告宣伝・イメージ戦略に力を入れる。「ダイヤモンドは永遠の輝き」――これは人類史上もっとも成功したとも言われているキャッチコピーで、一九四八年に誕生した。多くの読者が耳にされたことがあるであろう。

しかし実際は、もっとも硬い物質であるダイヤモンドといえども、欠けたり、変色したり、灰になったり、粉々になったりする。しかし「永遠」という概念は、デビアスがダイヤモンドに負わせたいと望んでいた魔術的性格を完全に捉えていた。このキャッチコピーは、一年足らずでデビアスの公式標語となった。

さて、大粒ダイヤモンドを買わせたいというデビアスの思惑は見事に成功した。しかし一九六〇年代に入ると、不都合な現実が生じてきた。一九五〇年代半ばにソビエト連邦（ロシア）のシベリアでダイヤモンドが発見され、一九六〇年代に入るとその産出量は急速に増大した。ダイヤモンド原石市場をコントロールしなければならないデビアスは、一九六二年ソ連の未研磨ダイヤモンドのほぼ全部を買い取る秘密協約を結んだ。

この時デビアスは、ソ連の採掘鉱の規模などから考えて、その産出量は次第に減るものと予想していた。しかし、予想に反してソ連のダイヤモンド産出量は増大を続けた。そして問題だったのは、ソ連産のダイヤモンドのほとんどすべてが〇・五カラット以下の小粒なものだったことだ。デビアスが小粒から大粒へとダイヤモンド市場を転回させてきたために、増大し続けるこの小粒ダイヤモンドの販路は極めて限定されていた。これをさばかなければならない。

デビアスは販売戦術の再考を迫られた。今やダイヤモンドの大きさと愛情の深さを同一視させてはいけない状況に立ち至ったのだ。新たに「小粒ダイヤモンド販売戦術」が構築され、大きさよりも「品質・色・カットの重要性」が強調された。国際キャンペーンでは、〇・一カラットのダイヤモンドをうまくイラストにして、大粒の品と同じ価値があるように思わせる印象操作が行なわれた。このキャンペーンは大成功した。アメリカの消費者は、段々大粒のダイヤモンドはけばけばしく、これ見よがしだと感じるようになって行った。

ダイヤモンドの平均サイズは、一九三九年には一カラットだった。それが一九七六年には、〇・二八カラットにまで下がった。これは、ソ連産ダイヤモンドの平均サイズとぴったり一致していたのだ。

トップの座を失ったデビアス

このように、「フェイク・ニュース」や「印象操作」を駆使したデビアスの広告戦略は、二〇世紀においてはかなりの成功を見た。しかし二〇世紀後半から二一世紀にかけて、デビアス帝国は揺らぎはじめる。もう、イメージ戦略では市場をコントロールできなくなってきたのだ。その原因は、前述したソ連産のダイヤモンドの急増と人工ダイヤモンドの誕生である。

プロローグでも述べたように、ダイヤモンドは元素記号Ｃの炭素の結晶体である。その意味では、鉛筆の芯と同じである。その単なる炭素が、地球内部の非常な高温高圧環境下でダイヤモンドとして生成されるのである。だから、科学の力で同じような高温高圧環境を作れば、人工ダイヤモンドは作れるのだ。

一九五四年、あるアメリカの著名な企業がそれに成功した。その企業とは、ゼネラルエレクトリック社（以下「ＧＥ」）である。ＧＥが合成するダイヤモンドは、当初は小粒で、しかも触媒のせいで変色していて、宝石としては使えなかったが、研削や整形工具のような工業用としてはぴったりだった。しかも、ＧＥはさらに技術を上げ、一九七〇年には一カラット以上の重さがある高品質の宝石用ダイヤモンドの合成に成功した。

こうなると、先にソ連と秘密協約を結んだように、デビアスはＧＥとも秘密裏に手を結ばなければならない。もはや独占ではなくなったが、寡占であれば数少ないその国・その企業と秘密裏に手を結べば、寡占価格を維持できる。デビアスはそう考え、それを実行した。

しかし、そのやり方も一九九四年、終焉を迎える。アメリカ司法省が、デビアスとGEがダイヤモンド価格を不当に高く維持しているとして告発したのだ。裁判所の判決は、GEは無罪、デビアスは有罪。その結果、デビアスはアメリカ国内での直接販売が禁止されてしまったのだ。その後和解し、アメリカでの販売は再開されたが、その和解金は二億五〇〇〇万ドルにおよんだと言われている。二〇〇〇年七月、デビアスは六〇年以上にわたるダイヤモンドの価格維持政策を放棄。宝石業界には衝撃が走った。

今や、デビアスは独占企業ではない。ダイヤモンド採掘企業のトップですらない。トップは世界一のダイヤモンド産出国・ロシアの国営企業「アルロサ」だ。ダイヤモンド業界に君臨したデビアス神話は、もはや終焉を迎えたのである。

それでもダイヤモンドは〝「永遠」に輝く〟

デビアスの支配が終わった今日。では、ダイヤモンド価格はデビアス登場以前のように、激しく乱高下するようになったのか？――答えは「ＮＯ」である。その理由は二つ。一つは、ダイヤモンドの原石市場はまだ寡占状態が続いているからである。前述のアルロサ、デビアス、そしてリオ・ティントなど少数の鉱山会社だけが握っている。そしてもう一つの理由は、誰もダイヤモンド価格の下落や乱高下を望んでいないということである。デビアスはもちろん、トップの座を奪ったアルロサだってそんなことを望みはしない。原石市場に携わる業者ばかりではない。小売業者だって「ダイヤモンドは最高の宝石」というイメージを崩したくはない。

さらに、業者ばかりではないのだ。ジェモロジカル・インスティテュート・オブ・アメリカ（Gemological Institute of America）、略称ＧＩＡ。日本語では「米国宝石学会」と訳される非営利団体で宝石学教育機関、鑑別・鑑定機関としては世界一の権威を誇るこのＧＩＡが、合成ダイヤモンド（人工ダイヤモンド）に関して次のように述べている。「合成ダイヤモンドはラボ（引用者注：研究所のこと）で作られ、天然ダイヤモンドと実質的に同じ化学組成、結晶構造、物理的特性を持ちます。偽物ではありませんが、天然でもありません」(「GIA」ホームページより)。わかりやすく言えば、「養殖ウナギはウナギであって偽物ではありませんが、天然でもありません」といった感じである。

GIAは、さらに人工ダイヤモンドに関する説明を続けた上でこう述べる。「消費者を守り、起こり得る混乱を完全に取り除くため、GIAのラボは天然ダイヤモンドと合成ダイヤモンドの二種類のレポートを発行します。GIA合成ダイヤモンドグレーディングレポートは4C(引用者注:第三章で解説)の評価をすべて行いますが、カラーとクラリティに関する記述は天然と比べてより概略的な内容となります。また、GIAはすべての合成ダイヤモンドのガードルに〝laboratory grown〟(「ラボ成長」)の文字とレポート番号をレーザーで刻印します。レポート自体の体裁も、天然ダイヤモンドのものとは違っています」(同前)。

GIAがこの説明で意図するところは何か。それこそ、天然ものの価値を守るということである。天然ダイヤモンドと人工ダイヤモンドとで、見た目は変

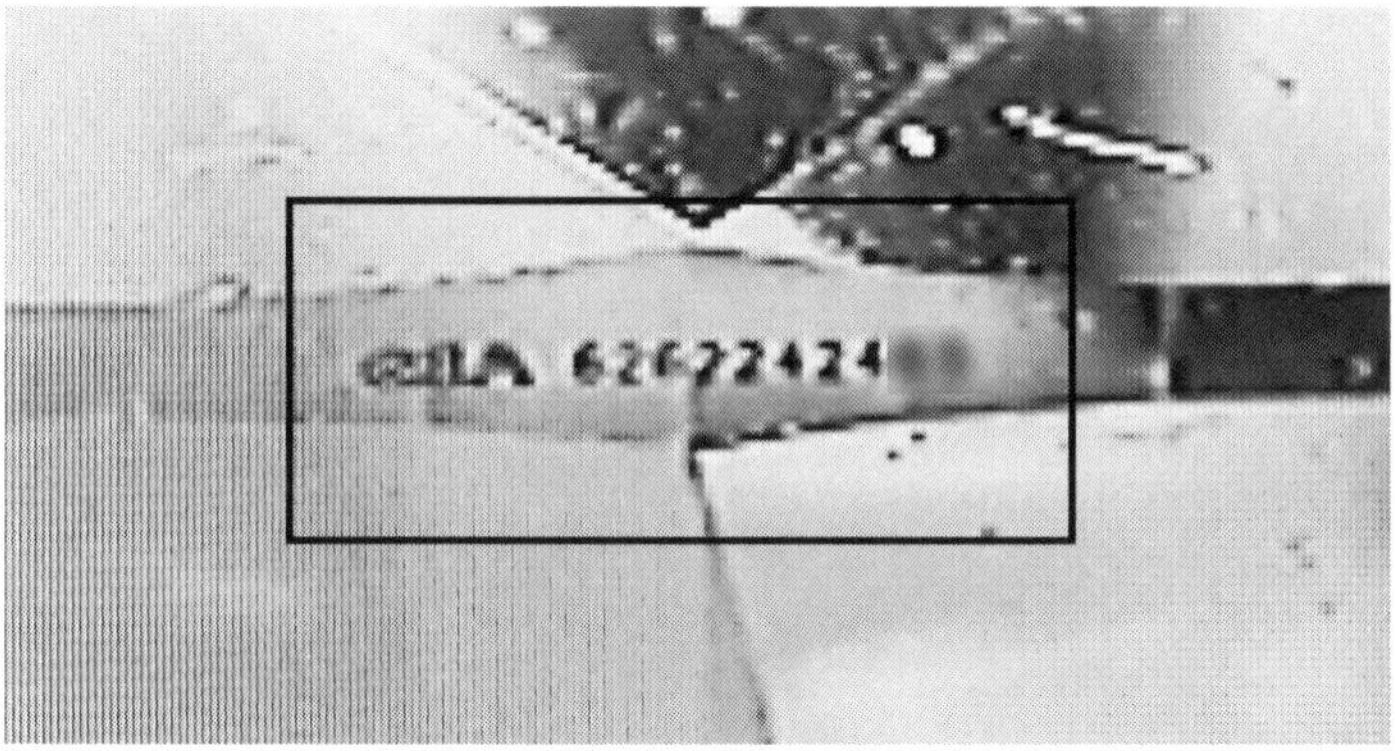

ダイヤに刻られた刻印。肉眼では目を凝らしてやっと見えるくらいの大きさだ。

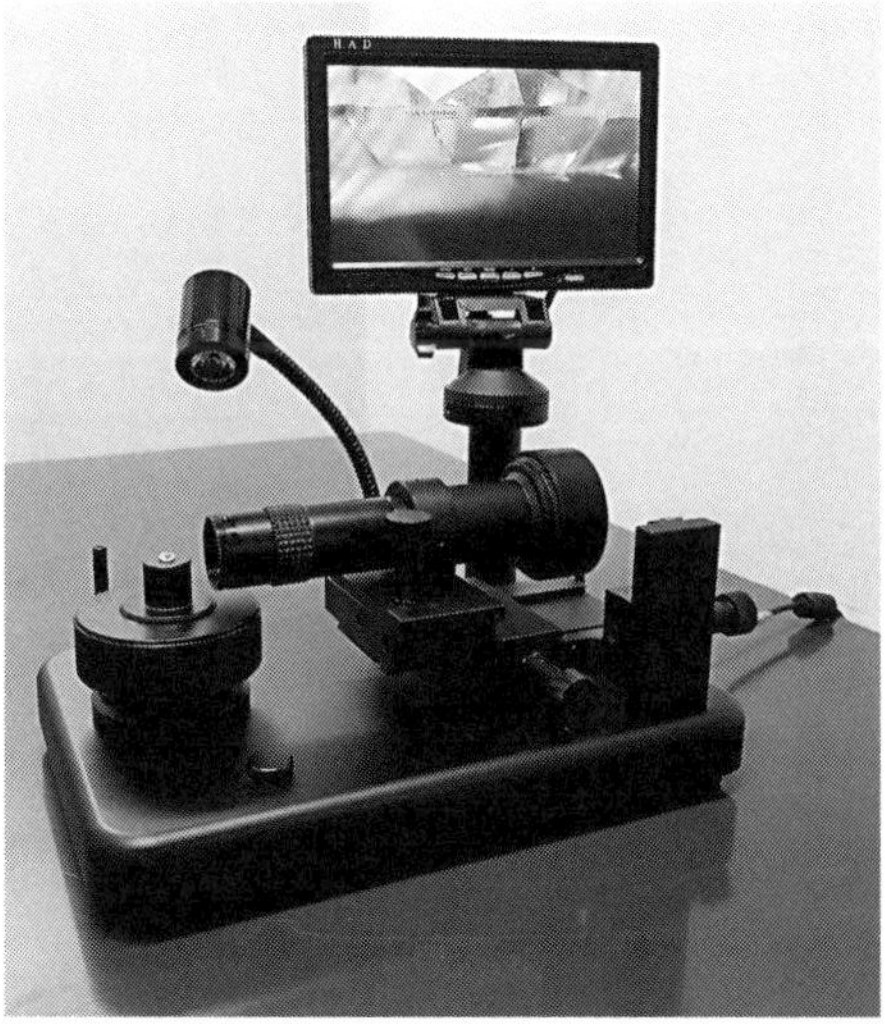

小さな刻印を読み取れる
電子顕微鏡。

わらない。しかし、天然ものと合成ものは違うから、それをはっきり明示するということだ。それによって、天然ものの価値は守られる。ウナギだって、「四万十川の天然ウナギ」と表示されていたら、養殖ものよりずっと高くて当たり前だ。それと同じである。

こうして、ダイヤモンド業界は一体となってダイヤモンドの価値を保とうとしている。だから、今もダイヤモンドの価格は高値で安定している。

GIAは先の人工ダイヤモンドに関するレポートのラスト部分で、ダイヤモンドについてこう述べるのである――「永遠の愛のシンボルなのです」と。この情緒的言葉が冠せられる商品は、ダイヤモンドをおいて他にはない。デビアスが作った言葉は神話となって、今も生き続けているのである。

第三章　金《きん》か？　ダイヤか？

有事において有効な資産保全の手段とは？

戦争や自然災害、経済危機などの有事に強い運用にはどのようなものがあるだろうか？　昔から「有事の金《きん》」と言われる。紙幣や証券などのペーパー資産とは異なり、実物資産である金《きん》は基本的に無価値になることはない。戦争などの有事が発生しても、実物が形として残る金《きん》は有事に強い資産の代表格である。金《きん》は光り輝く美しさはもちろん、長期にわたり腐食も変色もせず、化学的に極めて安定している唯一無二の金属であり、「究極の資産」と呼ぶに相応しい。

しかし、有事の金《きん》も決して万能ではない。最大のネックはその重さだ。金《きん》を実際に手に取った人ならわかると思うが、金《きん》は非常に重い金属だ。比重は一九・三二もある。水の比重がほぼ一だから、比重が一九・三二ということは金《きん》は水の一九・三二倍も重いということだ。一リットルの体積で重量を比較してみると、水が一キログラムなのに対して金《きん》は一九・三二キログラムもあるわけだ。手のひらサイズの名刺程度の大きさの金《きん》地金で、重さ一キログラムもあるのだ。数百万円分の金《きん》ならまだしも、数千万円や一億円以上の金《きん》となると一〇キログラム単位の重さになり、有事の際にそのような重いものを身につけて逃げるのは極めて困難だ。

そこで、古くから特にヨーロッパの富裕層の間で、有事の際にまとまった資産を容易に持ち出せる手段としてダイヤが利用されてきた。ダイヤは金《きん》よりもはるかに軽い。比重は三・五二と金《きん》の五分の一弱で、直径数ミリメートルの一般的なサイズのものであれば、重さは一グラムにも満たない。こんなに小さくて軽いのに、その価値は数百万円～数千万円もある。これまで有事や様々な危機に直面した際に、ダイヤのお陰で命拾いした人が数多くいる。そういう意味では、ダイヤもまた「究極の資産」と呼ぶに値する資産と言えよう。

ダイヤというと値動きが激しいイメージがあるかもしれないが、意外にも値動きは比較的おとなしい。八八～八九ページの図はここ三〇年の日本の地価、金《きん》価格、米ドルの価値、ダイヤの価値を指数化したものだ。これを見ると、ダ

他の投資商品の価格推移との比較

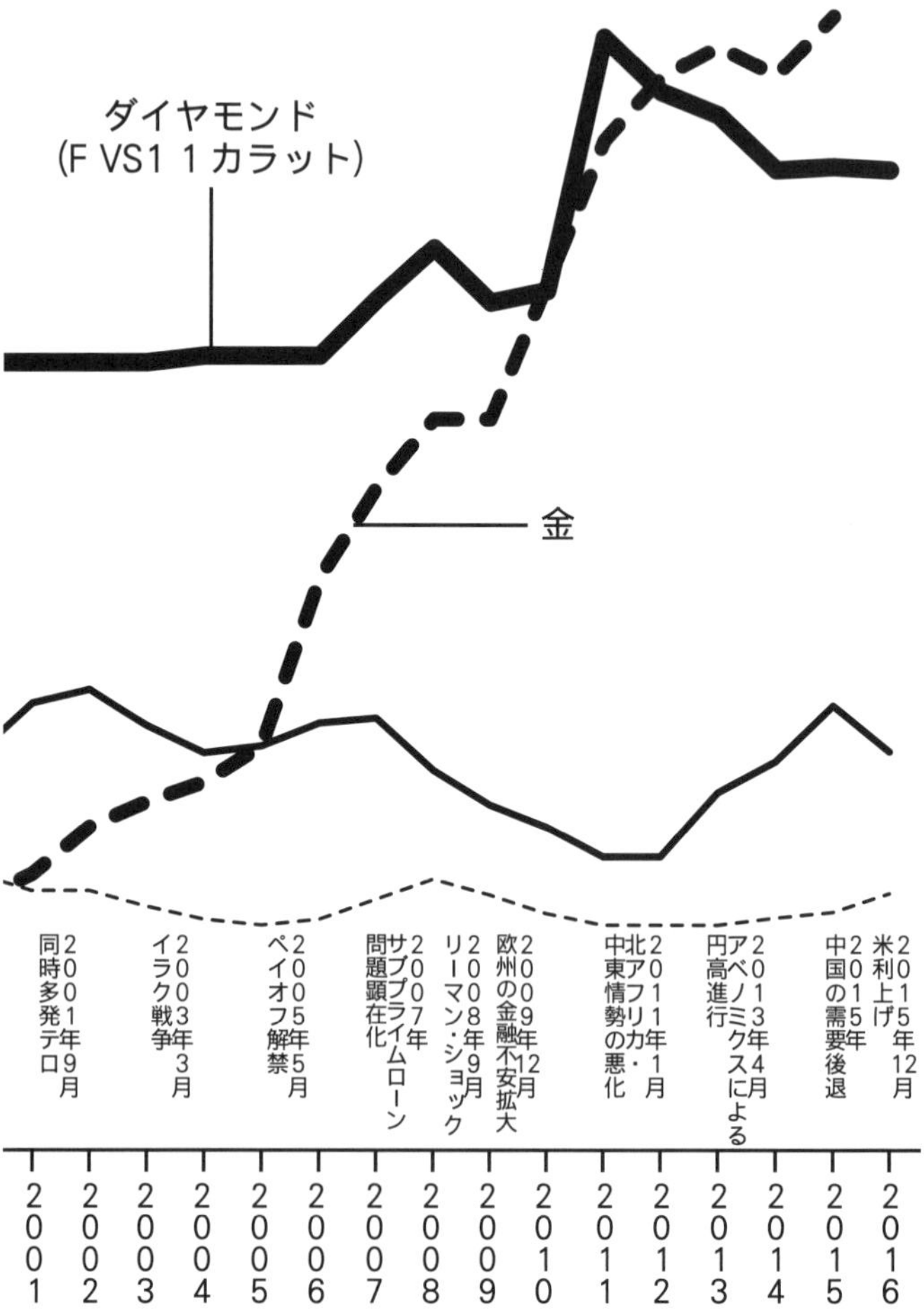

APEC ダイヤモンド資料を基に作成

資産防衛ツールとしてのダイヤモンド

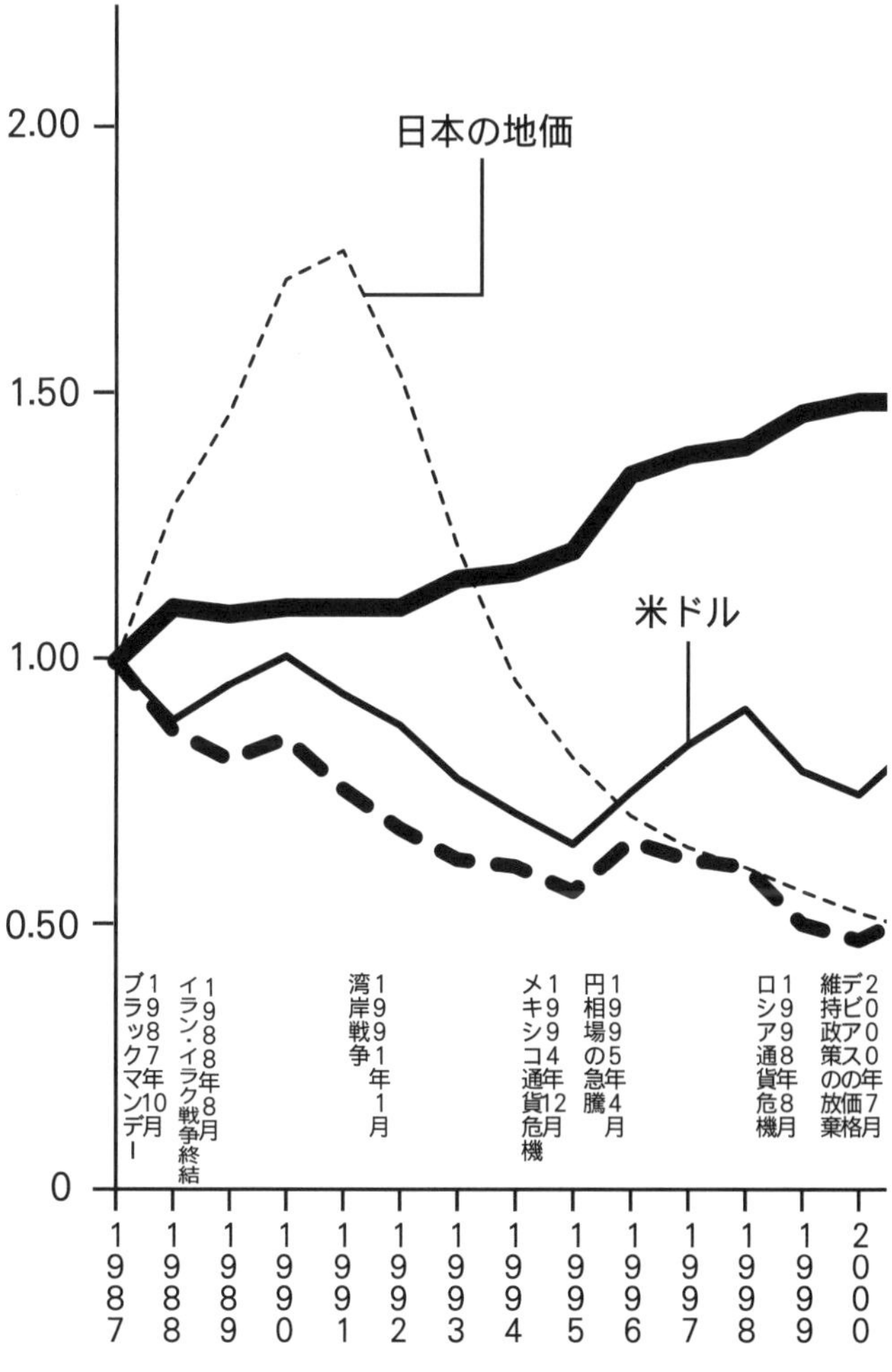

イヤの方が金《きん》よりも値動きが安定していることがわかる。また、米ドルの価値と比較してみると、ダイヤが米ドルの価値の減少をきれいに補っていることが見てとれる。

金《きん》か？　ダイヤか？　金《きん》もダイヤも危機や有事に対しては比較的強い資産といえるが、有事の際に本当に役立つのはどちらなのか？　それぞれの性質や重さ、取扱いのしやすさなど、様々な面で両者を比較して考えてみよう。

重量・持ち運びやすさ――重くてかさばる金《きん》 vs 軽くて小さなダイヤ

すでに述べたように、重量や大きさについてはダイヤの方がはるかに軽くて小さい。本書執筆時点（二〇一七年一〇月）の金《きん》相場は、一グラム＝五〇〇〇円程度で推移している。基本的に金《きん》地金の価格は金《きん》の重さで決まる。金《きん》相場が一グラム＝五〇〇〇円なら一〇〇グラムで五〇万円になるし、一キログラムの金《きん》地金は五〇〇万円となる。サイズは地金の製錬業者により若干異なるが、一キログラムの金《きん》地金の場合、面の大きさは一般的な名刺より若干大きいくらいで、厚さは一〇ミリメートルほどである。

ではは、ダイヤはどうか？　よく知られた「カラット」という単位は、ダイヤの大きさではなく重さを示すものだ。一カラットは、〇・二グラムである。カラットが大きいものほど高価になる。しかし金《きん》とは違い、ダイヤの価格はカラット（重さ）だけでは決まらない。「カラット」（Carat　重さ）の他には「クラリティ」（Clarity　透明度）や「カラー」（Color　色）、「カット」（Cut　プロポーション）という四つの項目から評価される。「カラット」「クラリティ」「カラー」「カット」の頭文字にはすべて「C」が付くため、「4C」と呼ばれる。同じカラット（重さ）のダイヤでも、「クラリティ」「カラー」「カット」のグレードが異なると価格は大きく異なる。

一カラットのダイヤで比較的グレードが高いものだと二〇〇～三〇〇万円程度で販売されているが、グレードがそれほど高くないものなら販売価格は一〇〇万円を下回る。五カラットという大粒のダイヤで、グレードの高いものなら販売価格は一億円は下らない。それでも五カラットの重さはわずか一グラムに過ぎない。同じ一グラムでも金地金《きん》は約五〇〇〇円、ダイヤはハイグレードのものなら億単位と、とてつもない差があるわけだ。有事の際にまとまった資産を持ち出して逃げ出すような状況を想定した場合、金《きん》では無理でダイヤが非常に有効であることがわかる。

金《きん》、ダイヤ以外では、有名画家による絵画も古くから資産家の資産保全や運用に利用されてきた。絵画の価格は景気に左右される面が大きい。好況時には価格が高騰し、不況時には下落するというパターンだ。恐慌などで暴落した時に買い、バブル期などで高騰した時に売ることを繰り返す富豪もいる。高級絵画であれば資産保全や運用に利用できる可能性はあるが、有事の際の資産保全という面では心許ない。絵画は性質上、有事に強いとはいえないし、ある程度のサイズの絵画になると、簡単に持ち運ぶことができない。戦争などの有事の際に大型の高級絵画を持って避難するなど、まったく現実的ではない。

重くてかさばる金vs軽くて小さなダイヤ

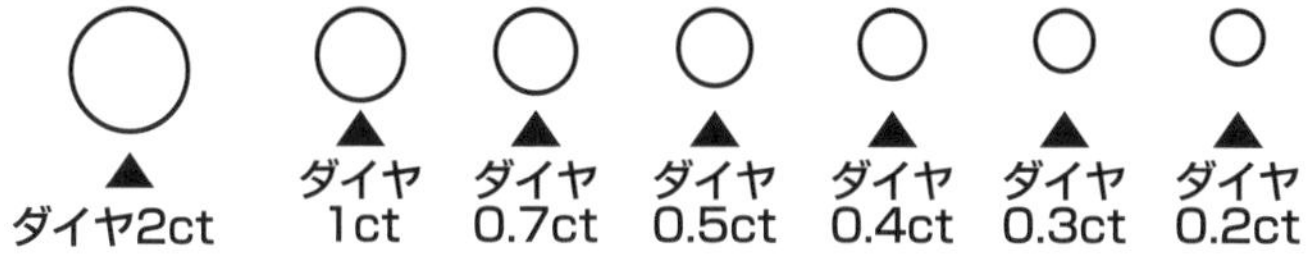

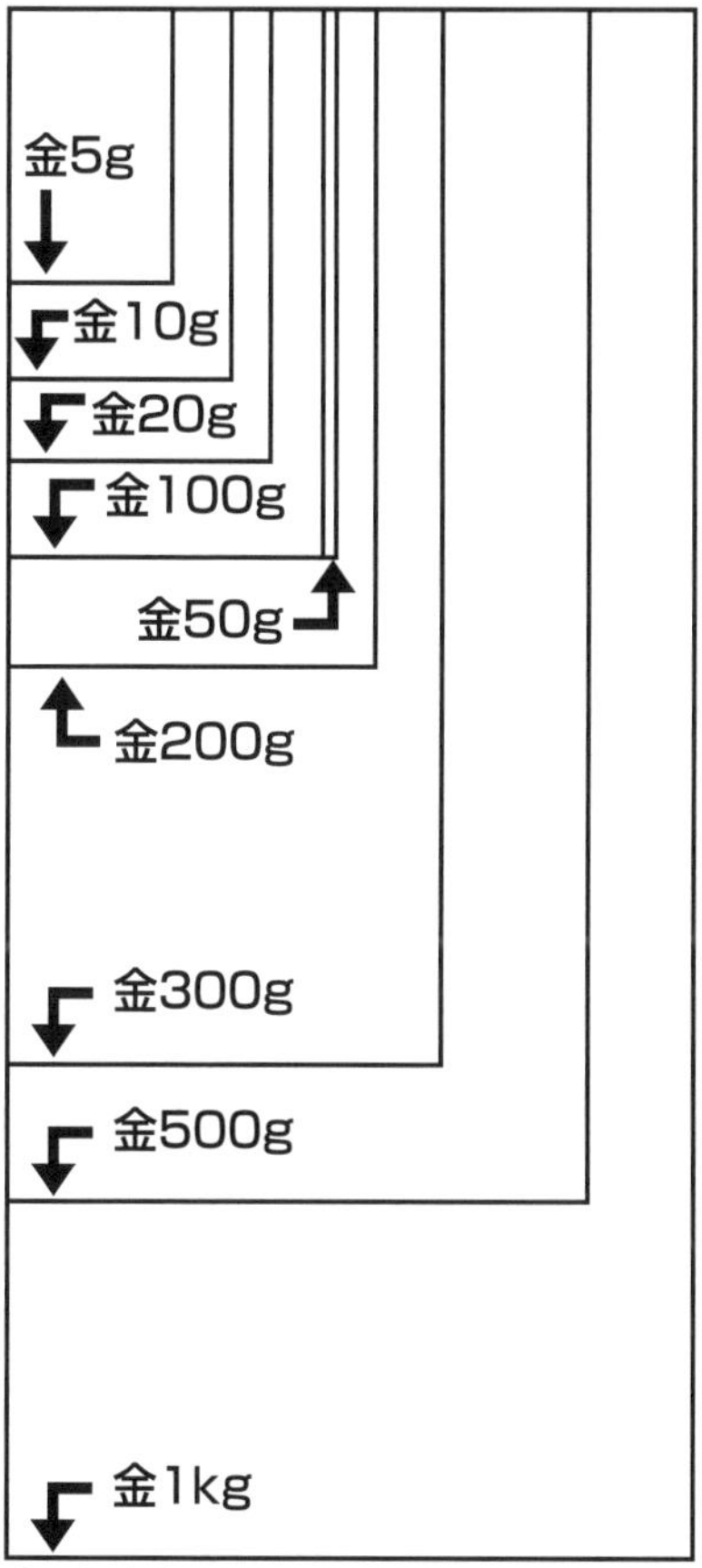

「田中貴金属工業」取扱いの金地金

■ダイヤの重さと大きさ

	重さ	直径(約)
0.2ct	0.04g	3.5mm
0.3ct	0.06g	4.0mm
0.4ct	0.08g	4.5mm
0.5ct	0.1g	5.0mm
0.7ct	0.14g	5.5mm
1.0ct	0.2g	6.0mm
2.0ct	0.4g	8.1mm

■金の重さと大きさ

重さ	大きさ(縦×横×厚さ 単位:mm)
5g	20×12.5×1.5
10g	27×17×1.6
20g	33×20×2.1
50g	40×25×3.5
100g	40×24×6
200g	48×28×8
300g	77×33×7
500g	87×44×9
1kg	113×52×10

硬度──軟らかい金《きん》vs硬いダイヤ

金《きん》とダイヤは硬度（硬さ）の面でも対照的だ。金《きん》は非常に軟らかい金属で展性・延性に優れている。わずか一グラムの金《きん》で金箔なら厚さ〇・〇〇〇一ミリメートルで数平方メートルまで延ばすことができ、金糸ならなんと約三〇〇〇メートルまで延ばせるという。他の金属と混ぜて合金にすることも容易で、加工しやすいのがメリットだ。

反面、その軟らかさゆえ傷が付きやすいのはデメリットである。特に金貨は傷を付けないよう取扱いに注意を要する。金貨の価格には、「プレミアム」と呼ばれる製造や輸送などにかかるコストが上乗せされている。そのため、金貨は金《きん》地金の価格よりも高い。売却の際もきれいな状態であればプレミアムが上乗せされるから問題ないが、傷を付けてしまうとプレミアム分の上乗せがなくなり、買取価格は安くなってしまうのだ。

一方、ダイヤは非常に硬い物質で、地球上の鉱物の中でもっとも硬い。ダイヤは炭素原子の集合体である。ダイヤが硬いのは、炭素原子同士の結びつきが非常に強いためだ。では、ダイヤはどのくらい硬いのだろうか？　鉱物の硬度を示す代表的な尺度に「モース硬度」がある。硬度は1～10までの数値で示され、数値が大きいほど硬いことを示す。ダイヤのモース硬度は10である。最近では硬度を1～15の一五段階で示す「修正モース硬度」も用いられ、ダイヤの硬度は15である。ちなみに、軟らかく傷が付きやすい純金のモース硬度は2.5である。

モース硬度で最強の硬度を示すダイヤは、傷には非常に強い。基本的には他のどの物質と接触しても傷は付かない。ただし、互いに最強の硬度を持つダイヤ同士を接触させると傷が付くので注意が必要だ。また、モース硬度はいわゆる「引っ掻き硬度」であり、あるもので引っ掻いた時の傷の付きにくさを示したもので、あるもので叩いた時の堅牢さを示すものではない。

鉱物の割れにくさや欠けにくさを示す尺度に「靭性《じんせい》」があり、数値が大きいほど割れにくいことを示す。ダイヤの靭性は7.5と際立って高いわけではなく、水晶と同程度である。靭性が8のルビーやサファイア、翡翠に比べれば、ダイヤは割れやすいのだ。

また、ダイヤには「劈開性《へきかいせい》」といって、特定の方向に対して割れやすい性質がある。この劈開性のために、ダイヤはうっかり地面に落としてしまった場合、打ちどころが悪いと割れてしまう可能性がある。この点はダイヤの弱点と言えるが、逆に言えば、劈開性があるために極めて硬いダイヤを加工することができるのだ。

実際、引っ掻き傷にはめっぽう強いダイヤも強い衝撃には非常に脆く、ハンマーで叩くと簡単に割れてしまうという。身近なところでは一般的なガラスをイメージすると良いかもしれない。ガラスのモース硬度は5であり、引っ掻き傷は比較的付きにくいが、衝撃を加えれば簡単に割れる。

ちなみにダイヤと異なり、金《きん》には劈開性はまったくないため、純金が割れることはない。劈開性はないが軟らかいため加工しやすい金《きん》と、非常に硬いが劈

身近な物質のモース硬度

モース硬度1	チョーク
モース硬度2	岩塩、純金
モース硬度3	珊瑚
モース硬度4	鉄、真珠
モース硬度5	ガラス
モース硬度6	オパール
モース硬度7	水晶
モース硬度8	エメラルド
モース硬度9	ルビー、サファイヤ
モース硬度10	ダイヤモンド

開性があるため加工できるダイヤ……。この点でも金《きん》とダイヤは好対照を成している。ダイヤは硬度が高く、耐摩耗性に優れているため、実は宝石用よりも工業用の用途の方が多い。刃先にダイヤを混ぜ、刃の強度を上げたダイヤモンドカッター、ガラスの彫刻や宝石、レンズ、金属などの研磨に使われる研磨剤など様々な用途に利用され、現代の工業はダイヤモンドなしには成立し得ないと言っても過言ではない。

身近なところでは、歯医者で使われる「ダイヤモンドドリル」がある。実は、人間の歯はかなり硬い。歯の表面を覆うエナメル質のモース硬度は7であり、鉄やガラスよりも硬いのだ。そのため、歯を削る際に使うドリルには先端にダイヤモンドを付けたダイヤモンドドリルが使われる。

歯は見た目にも硬そうだし、実際、人体でもっとも硬い組織であるが、意外にも眼球を覆う角膜も結構硬いそうだ。比較的初期の近視矯正手術に「ＲＫ手術」がある。角膜に放射状に切れ込みを入れ、光の屈折を変えて近視を矯正する手術だ。日本でＲＫ手術がはじまった三〇年ほど前に手術を受けた知人から聞いた話だが、手術にはダイヤモンドメスが使われていたそうだ。当初は普通の手術用メスが使われていたが、刃がすぐにダメになってしまい、手術中にメスがポキッと折れることさえあったという。それでダイヤモンドメスが使われるようになったと聞いた。軟らかそうに見える角膜がそんなに硬いのかと驚いた記憶がある。

稀少価値――ダイヤは稀少とはいえない？

稀少性の面でも比較してみたい。金《きん》は稀少性の高い金属だ。一トンの金《きん》鉱石から取れる金《きん》はわずか数グラムに過ぎない。これまでに採掘された金《きん》の総量は約一五万五〇〇〇トンと言われる。これはオリンピックプール約三杯分に相当する。一方で現在、地球に埋蔵されている金《きん》は約七万六〇〇〇トンと言われる。しかも、その多くは採掘困難な場所にあるため、将来的にはすでにある在庫を再利用して需要を賄わざるを得ないと言われている。

一方、ダイヤの稀少価値はどうか？　一般的にはダイヤは高価であるが故に稀少価値が高いと思われているが、実はさほど稀少価値が高いとは言えない。これまで多くのダイヤモンド鉱山が開発され、大規模な投資が行なわれた結果、採掘量自体は決して少ないわけではない。むしろ、ダイヤの原石自体は生産過剰だという。

しかし、採掘されるダイヤの多くはグレードが低過ぎて宝石としては価値がなく、工業用に回される。宝石用と比べると、工業用のダイヤの価格は破格の安さである。このように、宝石として商品価値のある美しいダイヤは採掘されるダイヤのほんの一握りに過ぎないのだ。美しく、グレードの高いダイヤは、やはり稀少価値も高いと言える。

金《きん》とダイヤ、その輝きの秘密

金《きん》とダイヤに共通する魅力の一つは、そのまばゆいばかりの輝きだ。しかし、両者を見比べれば、誰でもそれらの輝きの質がまったく別物であることに気付くだろう。ごく身近な擬態語で言えば、金《きん》は「ぴかぴか」輝き、ダイヤは「きらきら」輝くという感じだろうか。

金《きん》が輝くのは、金属が電気を通すことと深く関わっている。金属の表面に光が当たると、金属内部にある電子の作用によりそのほとんどが表面より放出される。つまり金属からの光の反射であり、金属は他の多くの物質に比べ、受けた光をよく反射する。だから、金属はよく光るものが多いのだ。

では、なぜ金《きん》は金色に輝くのだろうか？　様々な色の光が混ざっている白色光が金《きん》の表面に当たると青色の光は吸収され、黄色や赤色の光が反射される。私たちは、この反射された光を〝金色〟と認識しているわけだ。

一方、ダイヤの輝きの秘密は屈折率にある。宝石に光を当てると、宝石内部に入った光は屈折してその進路を変える。屈折率はその屈折の程度を示し、屈折率が高いほどより多くの光を反射する。ダイヤの屈折率は二・四一九であり、他の宝石と比べても際立って高い。ダイヤ内部に入った光はダイヤ内で内部反射し、再び外に出て私たちの目に届く。

また、ダイヤには白色光を様々な色に分解する性質がある。光はそれぞれの色により屈折率が異なるため、内部反射した光は分散され私たちの目に届く。この光の分散効果もダイヤに一層の輝きを与える。他の宝石と比べてもひときわ美しいダイヤの輝きには、ダイヤ表面の光の反射だけではなく、高い屈折率による内部反射と光の分散効果も大きく影響しているのだ。

これらに加えて、ダイヤの輝きを決定づけるのが4Cの一つであるカットだ。ダイヤは光の反射で美しく輝くが、ダイヤをカットすることで光を効率よく取り込み、反射させ、輝きを増幅させることができる。ダイヤのカットには非常に多くの種類があるが、特に有名なのが「ブリリアントカット」だ。

一九一九年、数学者のマルセル・トルコフスキーが、ダイヤの屈折率と反射率を数学的に考慮し、もっとも美しく輝くこのカットを考案した。五八面（下端のキュレットを面取りしない場合は五七面）にカットされ、上部から侵入した光は屈折と反射を繰り返し、一〇〇%すべての光が上部から出て行くように

ラウンドブリリアントカット

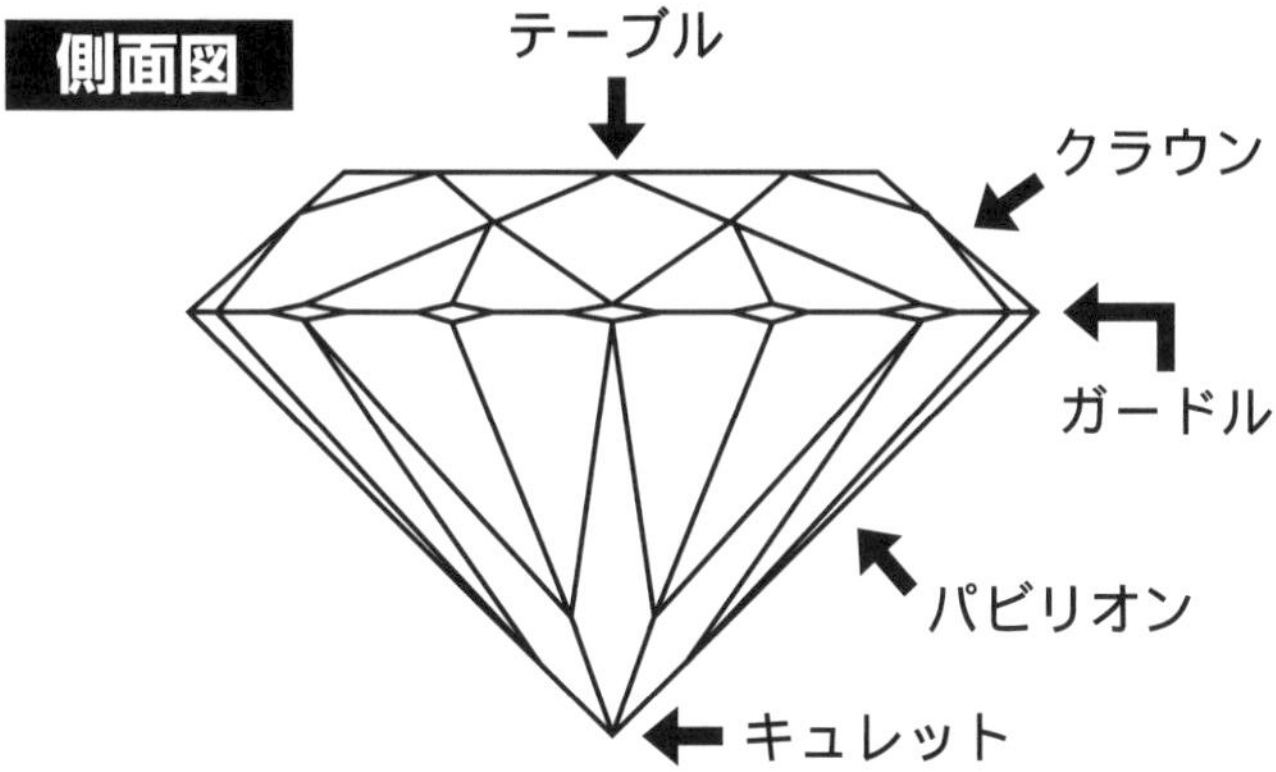

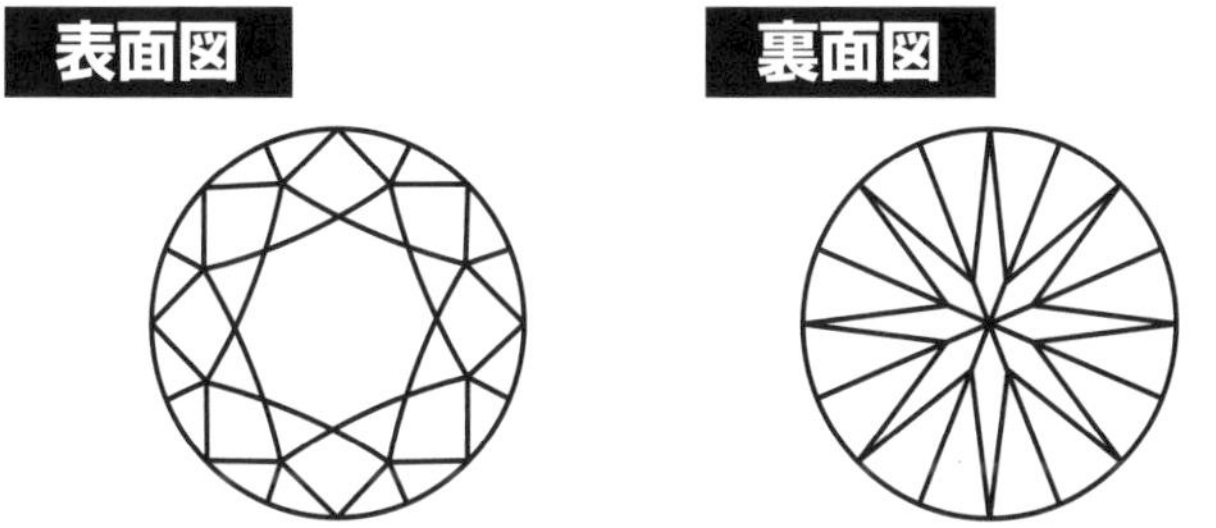

設計されている。ブリリアントカットの中でも、特に真上から見ると円形に見える「ラウンドブリリアントカット」は、もっとも強い輝きを得ることができる理想的なカットと言われ、考案されてから約一〇〇年を経た今もなお、ダイヤの主流の地位を維持している。

燃えやすさ――燃えない金《きん》vs火に弱いダイヤ

火災が発生した場合、保管してある宝飾品は燃えてしまうのだろうか？　これは宝飾品の種類により異なる。火災現場の温度は、一〇〇〇度～一二〇〇度にもなる。それに対して金《きん》の融点は一〇六四度だから、金《きん》は火災時には溶ける可能性があるということだ。ただし、溶けてはしまうが消失するわけではない。鎮火し温度が下がれば、金《きん》は再び固まる。金《きん》の指輪やペンダントなど宝飾品の場合は形が崩れてしまうが、地金の場合は多少のコストはかかるが変形した金《きん》を元の地金に加工し直すことが可能だ。

ちなみに他の貴金属の融点は銀が九六二度、プラチナが一七六九度である。通常の火災時に銀は溶けてしまうが、プラチナが溶けることはない。

では、火災時にダイヤはどうなるのだろうか？　状況にもよるが、燃えてしまう可能性がある。ダイヤは炭素原子が非常に強く結びついているため熱を伝えやすく、あっという間に高温になる。炭素でできているダイヤは、温度や酸素などの条件が揃えば当然、燃える。六〇〇度程度の高温になると黒鉛化し、八〇〇度を超えると炭化すると言われる。炭化が進むと気化し、二酸化炭素となって空気中へと消えて行く。つまり、実際には燃えるというよりも徐々に小さくなり、最終的には消滅するそうだ。火災時における資産価値の保持については、ダイヤよりも金《きん》やプラチナの方が優れていると言える。

このようにダイヤは熱に弱いが決して燃えやすいわけではなく、ライターで火を着けた程度ではダイヤは燃えない。しかし、ライターの炎の温度は八〇〇度～一四〇〇度にもなり、加熱するとダイヤの表面が曇り輝きが損なわれる可能性があるという。やはり、火気には注意が必要だ。

金《きん》とダイヤは作ることができるのか？

稀少な金《きん》をなんとか作り出そうと、これまで多くの人々が錬金術に取り組んできた。万有引力の発見で知られるアイザック・ニュートンも錬金術の研究に情熱を注いだという。しかし、多くの人々の努力にも関わらず金《きん》を人工的に作り出す試みは実現せず、錬金術は衰退して行った。

ただし、現代の科学では金《きん》を作りだすことは理論的には不可能ではないらしい。たとえば、水銀に中性子線を照射すれば、核反応を起こし金《きん》を生み出すことができるそうだ。しかし、あくまで理論上の話で十分な量の金《きん》を生み出すには長い年月と膨大なエネルギーが必要であり、コストや時間の面で経済的メリットがまったくないのだという。いずれにしても、現時点では金《きん》を人工的に作り出すのは現実的ではないということだ。

一方、ダイヤは人工的に作ることができる。天然ダイヤモンドに対し、人工的に作られたダイヤは合成ダイヤモンド、あるいは人工ダイヤモンドと呼ばれる（本書では、「人工ダイヤ」の表現に統一）。

人工ダイヤの作製には主に次の二つの方法がある。一つは「高圧高温法」（HPHT）というものだ。これは文字通り、炭素に高圧高温をかけダイヤを合成する方法で、天然ダイヤが形成される高圧高温の状態を再現するものだ。もう一つは「化学蒸着法」（CVD）というものだ。これは真空装置内でメタンガス等の炭素原子からダイヤを生成する方法である。天然ダイヤが、何十億年という気の遠くなるような長い年月をかけ、地球内部の高圧高温の環境で生成されるのに対し、人工ダイヤはわずか数週間で作製することができる。

一七九七年にダイヤが炭素のみでできていることが発見されると、多くの科学者が安価な炭素を用いた人工ダイヤの作製を試みた。これらの試みは錬金術と同様、失敗の連続だったが、一九四〇年代にアメリカ、スウェーデン、ソ連が体系的に研究を進め、一九五〇年代には人工ダイヤの生産がはじまった。当時の人工ダイヤは非常にサイズが小さく宝石としての価値はなかったが、研磨材など工業用に利用された。その後、第二章でも述べたように一九七〇年にゼネラル・エレクトリック（ＧＥ）社が一カラットの宝石用ダイヤの合成に成功した。初期の宝石用ダイヤはサイズも小さく、不純物として窒素が含まれていたため黄色や褐色のものであった。しかし、その後、数十年にわたり改善が進められ、現在は見た目では天然ダイヤとまったく区別がつかないほど高品質の人工ダイヤが生産されている。

金《きん》とダイヤの偽物について

高価な金《きん》とダイヤには、偽物も存在する。金《きん》については大量の偽物が出回っている。表面に金《きん》のメッキが施され、中身には別の金属が仕込まれているものだ。すでに述べたように、金《きん》は非常に重い金属でその比重は一九・三二である。金属のうち、一般的に重いイメージのある鉄の比重が七・八五、鉛の比重が一一・三四であり、金《きん》よりもずっと軽い。仮に、鉛を金《きん》メッキで覆って偽物の金《きん》地金を作っても本物の金《きん》地金の重さにはおよばず、偽物だと簡単にバレてしまうに違いない。

しかし、偽物の金《きん》の作製に都合の良い金属が一つだけある。それが「タングステン」という金属だ。タングステンの比重は一九・三〇であり、金《きん》の比重と非常に近い。価格も、一キログラム当たり二五ドル程度と非常に安い。そのため、タングステンを金《きん》メッキで覆った金《きん》の偽物が大量に作られ、世界中に出回っているのだ。ただ、タングステンは金《きん》に比重は近いものの、硬度がまったく異なる。タングステンのモース硬度は９と非常に硬く、表面の金《きん》メッキに刻印を入れる際に独特のキズが付いてしまうため、専門家が見れば偽物とわかるそうだ。そこで、タングステンの周りに本物の金《きん》を少し厚めに施すことで、刻印をきれいに入れる精巧な偽物もあるという。タングステンを用いて精巧に作られた偽物は、外見や重量は本物とほとんど変わらないため、金《きん》を取り扱う宝石店のような専門家でも、本物かニセモノかを見分けるのは簡単ではないという。素人にはまず見分けがつかないだろう。

ダイヤにも偽物はたくさんあり、「模造ダイヤモンド」などと呼ばれ市販されている。本物のダイヤと模造ダイヤはまったく成分が異なる。本物のダイヤが炭素でできているのに対して、模造ダイヤは酸化ジルコニウムやガラスなどでできている。模造ダイヤの代表的なものが「キュービックジルコニア」である。キュービックジルコニアは二酸化ジルコニウムなどでできている。ダイヤと同程度の高い屈折率を持つため、ダイヤと似た輝きを放つ。モース硬度もダイヤにはおよばないものの、8~8.5と比較的硬い。やはり一般の人には本物のダイヤと見分けるのは難しい。

「偽物」「模造」などというと聞こえが悪いが、キュービックジルコニア自体は立派な宝石の一つだ。ただし、当然ながらキュービックジルコニアはダイヤに比べ非常に安価で、両者には一〇〇倍あるいはそれ以上の価格差がある。

注意すべきは偽物のダイヤを本物と偽って販売する悪質な業者だ。実際、香港で一〇〇〇万円で買ったダイヤを空港の税関で申告したところ、「これはダイヤではなくガラス」と言われ偽物であることが発覚した、という話を以前聞いたことがある。

ダイヤモンドの売買には鑑定書が必須

キュービックジルコニアはダイヤモンドとはまったく別物であるが、人工ダイヤは天然ダイヤと同様、炭素でできており、その特性は光学的にも物理的にも天然ダイヤとほとんど変わらないため、識別は非常に難しい。ダイヤモンドを購入する際にはそのような真贋の見極めはもちろん、品質や価格が適正であるかを判断する必要がある。そのような見極めや判断は、最新の検査機器を備えた専門機関でなければ困難と言われる。

そのような専門機関の代表的な存在が、第二章でも述べた「ＧＩＡ」（米国宝石学会）である。ＧＩＡは一九三一年に設立され、世界最大規模で非営利の宝石学研究および教育機関である。ＧＩＡによる宝石の評価・鑑定・鑑別は、世界中の人々から圧倒的な信頼を得ている。ダイヤモンドの品質評価基準として

「4C」を考案したのもGIAだ。

ダイヤモンドの鑑定機関としてGIAと並び、世界的に有名なのが「HRD」(ダイヤモンド・ハイ・カウンセル)である。ベルギーの四ヵ所のダイヤモンド取引所を総括する公益法人で、GIAと同様、高い信頼性を誇る。日本にもダイヤモンドの鑑定機関はあり、特に有名なのが「CGL」(中央宝石研究所)である。国内最大のダイヤモンド鑑定機関で、HRDと提携している。国内の流通ダイヤの大半はCGLの鑑定によるものだという。

ダイヤモンドの品質を証明するものに鑑定書(ダイヤモンドグレーディングレポート)があるが、これらの鑑定機関が発行する鑑定書であれば信頼性が高く、基本的に問題ない。ただ、HRDは主にヨーロッパ、CGLは主に日本においてメジャーな鑑定機関である。国際標準という意味では、GIAの鑑定書なら間違いないだろう。

ちなみに鑑定書と名称が似たものに鑑別書があるが、両者はまったく異なるものだ。鑑定書はダイヤモンドの品質証明書であり、ダイヤモンドのみに発行

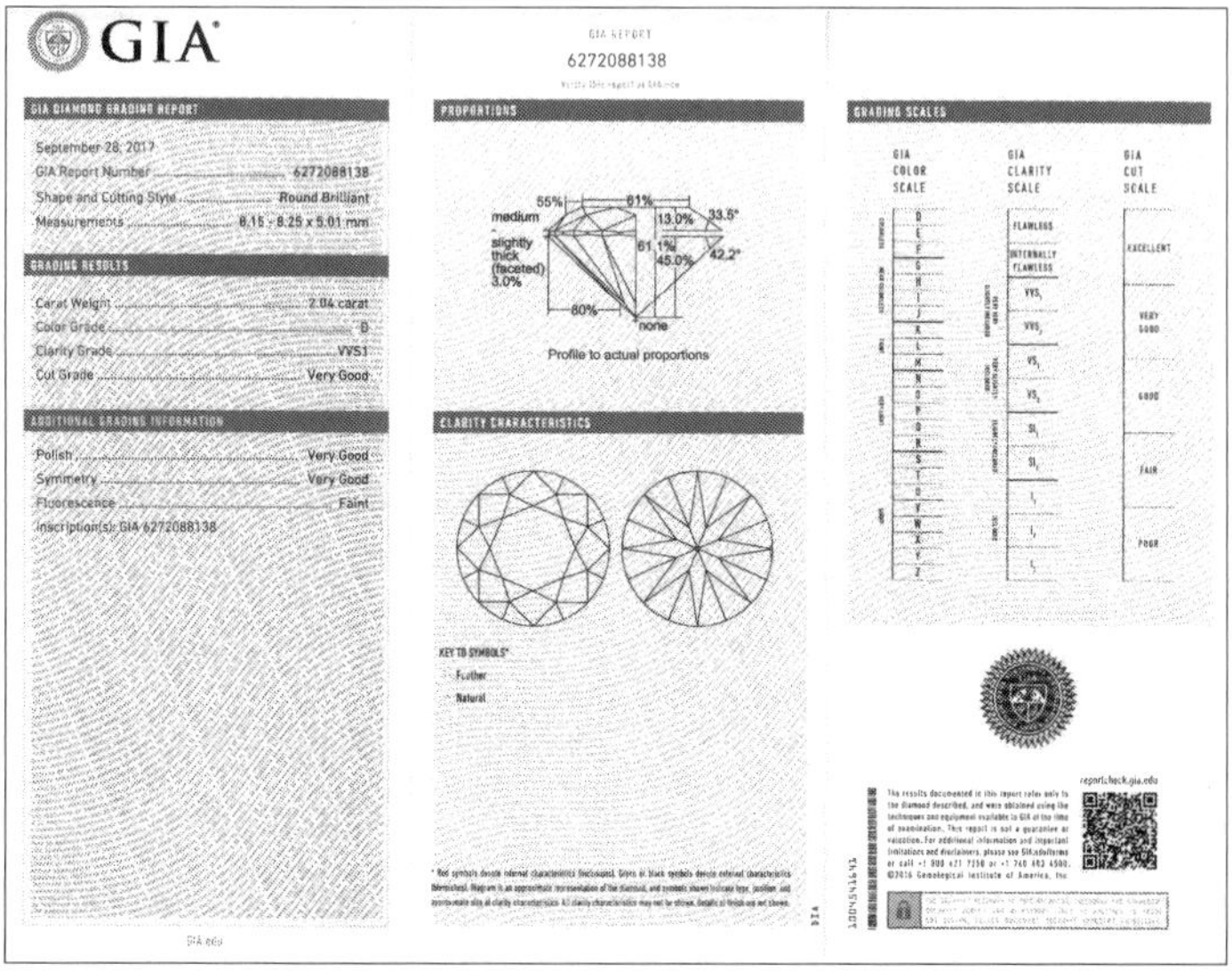
GIA

GIA REPORT
6272088138

GIA DIAMOND GRADING REPORT

September 28, 2017
GIA Report Number 6272088138
Shape and Cutting Style .... Round Brilliant
Measurements .... 8.15 - 8.25 x 5.01 mm

GRADING RESULTS

Carat Weight .... 2.04 carat
Color Grade .... G
Clarity Grade VVS1
Cut Grade .... Very Good

ADDITIONAL GRADING INFORMATION

Polish .... Very Good
Symmetry .... Very Good
Fluorescence .... Faint
Inscription(s): GIA 6272088138

PROPORTIONS

Profile to actual proportions

CLARITY CHARACTERISTICS

KEY TO SYMBOLS*
Feather
Natural

GRADING SCALES

GIA COLOR SCALE	GIA CLARITY SCALE	GIA CUT SCALE
D E F G H I J K L M N O P Q R S T U V W X Y Z	FLAWLESS, INTERNALLY FLAWLESS, VVS1, VVS2, VS1, VS2, SI1, SI2, I1, I2, I3	EXCELLENT, VERY GOOD, GOOD, FAIR, POOR

reportcheck.gia.edu

世界的に通用する鑑定書は、「ＧＩＡ」か「ＨＲＤ」の発行したものだ。これらがあれば、ダイヤを売る時に有利である。

される。一方、鑑別書は宝石の寸法や重量、天然のものか人工のものかなど、宝石の詳細について記されたものだ。ダイヤモンドを含めあらゆる宝石について発行可能であるが、品質評価は行なわない。

ダイヤモンドの売買には、そのダイヤモンドの品質を証明する鑑定書が必須である。鑑定書があれば、専門家でなくてもダイヤモンドのグレードや品質を見極めることが可能だ。ダイヤモンドを購入すると鑑定書が付いてくるので、売却する時にも鑑定書を付けて売却するようにしたい。売却時に鑑定書がなかったらどうなるか？　基本的には過度な心配は要らない。きちんとした買取店にはしかるべき知識を持った鑑定士が在籍しているので、適切な査定をしてくれるはずだ。ただ、鑑定書がない場合は鑑定士の技術に任せることになるため、鑑定書付きで売却する方がスムーズだし、より正確な査定ができるのは間違いない。

ちなみに、ＧＩＡの鑑定書付きのダイヤモンドには側面（ガードル）にレーザーによる各ダイヤ固有の刻印があり、鑑定書と照合できるようになっている。

しかも、鑑定書の情報はインターネット上に登録されている。そのため、有事の際にはとにかくダイヤだけ持ち出せば、どこでも適正な価格で売却することが可能だ。

ダイヤモンドは究極の資産防衛手段

ダイヤも金《きん》と同様、世界中にマーケットがあり、換金が容易な資産だ。また、ダイヤはドル資産であり、通貨（円）価値の下落すなわちインフレの対策になりうること。逆にリーマン・ショック時のようなデフレにつながる金融危機の際にも比較的強いことも金《きん》と共通する性質だ。金《きん》とダイヤは、いずれも資産防衛の手段としては極めて有用であると言えよう。

一方で、金《きん》とダイヤが決定的に違うのは、その大きさと重さだ。たとえば一億円分の資産で比べると、金《きん》だと二〇キログラムにもなるが、ダイヤならグレードによっては一グラムにも満たない。しかも、サイズは一センチメートルにも満たない。戦争や災害など生命を脅かすような危機に直面し、そこから逃げる必要がある場合、ダイヤなら小さな子供でも容易に持ち出すことができる。混乱時に略奪が横行するような状況でも、かさばる金《きん》を隠し持つのは難しいが、軽くて小さいダイヤなら様々なところに隠し持つことができる。また、金《きん》は当然、金属探知機に反応するが、ダイヤは金属ではないので、ルース（裸石）であれば探知されることはない。生命の危険を伴うような深刻な危機の際には、ダイヤこそが究極の資産防衛手段と言っても過言ではないだろう。

ただし、一般的にはダイヤの売買は非常に難しい。皆様も、何十万円で購入したダイヤの指輪を買取店に売却したら二束三文にしかならなかった、といった話はよく聞くだろう。特に〇・五カラット以下の小さなダイヤだと、買取価格は購入価格の一〇分の一以下というケースも多い。これでは、とても資産防衛には使えないと思われるだろう。

しかし、ダイヤモンドというものは同じグレードであっても、流通ルートや販売業者によってその価格にはかなりの開きが生じる。そして、実は一般には

世界最大と言われる
45.50ct、VS1の
ブルーダイヤ
「ホープダイヤモンド」。

ナポレオンも所有していたと言われる
「リージェントダイヤモンド」。

ダイヤ好きの
エカテリーナⅡ世も手にした
ブラックダイヤ「オルロフ」。

歴史的にもダイヤモンドは貴重品として扱われ、時の権力者の手から手へとわたってきた。

（写真提供：上　ロイター/アフロ、中　ALBUM/アフロ、下　TASS/アフロ）

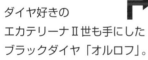

あまり知られていないが、きちんとした品質のダイヤモンド（もちろん、ＧＩＡの鑑定書付きのものだ）をデパートや宝石店などの一般的な小売店よりもはるかに安い価格で購入する方法があるのだ。

ダイヤモンドを通常よりも安い価格で購入することによって、ダイヤモンドによる資産防衛はぐっと現実的な選択肢になるに違いない。その方法については第六章で詳しく解説する。

第四章　ダイヤの正しい買い方、保管の仕方

これで良いのか？　高いダイヤをそのまま購入

　これまでの章で、ダイヤに関する知識を十分身につけていただいたと思う。この章では、いよいよダイヤを購入するための実践編を解説しよう。

　まず、私たちがダイヤを購入する機会は、あまり多くない。特に、大粒でそれなりにしっかりした色と輝きのものとなると滅多にないだろう。宝石好きの方ならいざしらず、一般の人の場合には婚約指輪ぐらいではないか。あとは、結婚六〇年の記念日を「ダイヤモンド婚式」というので、その時ぐらいだろうか。長い人生において、きちんとしたダイヤを購入する機会は、せいぜい一、二回といったところだろう。

　それほど回数が多くないことと、人生における晴れ舞台でのアイテムというところから、高い値段のダイヤをそのまま購入してしまう人がほとんどだ。第一章で取り上げた藤田嗣治は、ダイヤを購入する時には一切値切らず、言われた価格で購入していた。これを聞いて「さすが画家（芸術家）。やることが豪快で違うな」と思われる方もいらっしゃるかもしれないが、実は一般の日本人はまったく同じことをしているのである。

ダイヤをいかに安く買うか

この書籍のテーマはダイヤを使って資産保全・資産防衛を行なうことである。ダイヤを投資対象、資産分散の一部と捉えるわけだ。だから、高いダイヤをそのまま購入する方法はまったくお勧めできない。どうすれば、少しでも安く購入できるかを追求する必要があるのだ。

そして意外と見落としがちであるが、いかに高く売ることができるか、も重要である。どれだけ安く買ったとしても売れないものを持っていても仕方がない。もし二束三文でしか売ることができないのであれば、資産価値はそのように見積るべきだ。売却ルートを持っていないというのは、現金化できないということだから、この場合には資産価値をかなり低く見積るべきであろう。

これだけ厳しく査定してこそ資産保全・資産防衛と言うことができるのである。「出口戦略」とは、それほど重要なことである。実は、これはすべての投資案件に通じる鉄則だ。賢明な投資家は、常にこのことを意識しながら投資を行なっている。〝買う時にはなるべく安く買い、売る時にはなるべく高く、しかもいつでも売ることができる〟――シンプルではあるが、実に奥深い鉄則である。

では、このようなことがダイヤで可能なのだろうか。皆様のイメージとしてダイヤは、買う時は馬鹿みたいに高くて、売る時は質屋か何かで「私も落ちぶれたなあ」と泣く泣く二束三文で手放すしかないといったイメージではないだろうか。普通はその通りである。

二〇一五年六月二六日付の日本経済新聞には、まさにそれを特集した記事が載っている。「価格差二三倍も　宝石の買い取り価格はこんなに違う」と見出しが付いたこの記事では、指輪のリングから外れた一カラットの石そのもののダイヤを、業者二〇社に実際に買い取り依頼を出して調査している。これによっ

同じ宝石でも買い取り価格はこんなに違う

場所	ダイヤモンド	エメラルドの指輪
新宿	査定せず	10万円
	10万1000円	7万700円
	査定せず	5万円
	5万円	6万円
池袋	35万円	10万円
	10万円	10万円
銀座	7万円	10万円
	10万円	14万円
	14万3000円	15万円
	25万円	20万円
台東区御徒町	11万円	9万6000円
	15万4500円	13万4000円
	13万円	12万円
	17万円	15万円
新橋	16万9000円	7万1945円
	14万3000円	5万円
北区	10万円	3万1000円
埼玉県川口市	10万円	12万円
千葉県浦安市	1万5000円	1万1000円
江東区	5万400円	9万1948円

日本経済新聞2015年6月26日付のデータを基に作成

て出てきた結果は、一番安い値段は一・五万、一番高い値段は三五万円と、なんと二三倍の価格差であったという。そして「石だけではダメ」と断った業者も二社あったそうだ。

今回の調査に使われたダイヤは、鑑定書なしで買値も明かされていないため、買う値段と売る値段を比較することはできないが、少なくとも片や三五万円で売れるダイヤが、他のところでは一・五万円と査定されたり、引き取れないと判断されているのだから驚きである。もう一つ、同記事には興味深い箇所がある。その記事を次に紹介する。

買い取り業者は「持ち込まれるのはバブル時代のものが多いですね」と話したうえで、「だいたい買い取り相場は、購入した時の値段と比べると一〇分の一になります」と明かした。

（日本経済新聞二〇一五年六月二六日付）

この説明はダイヤに限らず他の宝石も含めてのコメントであるが、それでも買った値段の一〇分の一が通常の売値だというのだ。しかも、これは宝飾品の話だから、リングや鎖の部分に使われているプラチナや金《きん》（ゴールド）の価値が上がっていてそこによい値段が付いていていることを考慮すると、石そのものであればもっと価格差が付いていると考えても不思議はない。このような状態を専門用語では、「スプレッドが大き過ぎる」という。

スプレッドについてもう少し解説すると、スプレッドとは、取引の買値と売値の差を表す。買って、すぐ売った場合の価格差と捉えていただくとよい。基本的には買ってすぐ売って儲かるという話はないから、取引する時はこの価格差をどれだけ小さくできるかを考えることが必要である。どれだけ魅力的な取引に見えても、このスプレッドが大き過ぎるものに手を出すことは、原則お勧めできない。

普通の取引では、ダイヤはこのスプレッドが大き過ぎるから、資産保全・資産防衛にはお勧めできない。しかし、最初に種明かしをしてしまうと、ある方法を使えばダイヤを取引する時のスプレッドをかなり小さくすることができる。そして、この方法を使うことで、ダイヤを資産保全・資産防衛の手段に取り入れることができるのだ。その方法は、第六章でご紹介しよう。

ここまで読まれて「なんだ、それならそっちを読もう」と第六章を先に読もうとした方は、ちょっと待っていただきたい。何事にも順序がある。いくつかの基本部分を押さえた上で応用編に行かなければ、うまく理解できないこともあるのだ。この第四章では、ダイヤ取引における基本部分を押さえて行きたい。

ダイヤを高く買わないための二大原則

まず、ダイヤを高く買わないための二大原則をお伝えしよう。一つ目は「ダイヤはルースで買え」ということだ。ルースとは、ルース・ストーン（Loose stone）の略称で、リングなどの枠にはめられていない宝石のみを指す。先ほどの日本経済新聞の記事で「指輪のリングから外れた一カラットの石そのものの」

と紹介したがこれがまさにルースである。裸石《はだかいし》と呼ぶこともあり、基本はカット・研磨された状態であるものだ。良いダイヤを安く買いたい場合には、指輪やネックレスなど宝飾品になったものではなく、ルースのままで買うのが良い。これは、宝石商が一〇〇人いれば九九人はそう答えるだろう。残り一人は単にひねくれ者か、加工ができない者だろう。

宝飾品になっているダイヤには、その中に加工賃とデザイン費が含まれている。そこにはルースの値段と加工賃、デザイン費と別々に金額が算出された明細のようなものは存在しない。すると、わかりにくいのをいいことに、普通はかなり金額が上乗せされているのである。だから、なるべく安く買いたいのであれば、ルースを購入した方が良いのである。

そして、どうしても指輪などの宝飾品が欲しいのであれば、ルースに合わせてリングの台座を作れば良いのだ。よほど変わったデザインを希望するのであれば別だが、そうでなければルースに合わせて作ることができる。特に資産保全・資産防衛を考える上でのダイヤは、それなりの大きさで見栄えがするものだから、あまり奇をてらったデザイン勝負ではなく、ルースそのもので勝負することができる。だからシンプルなデザインで十分で、加工賃、デザイン費共に安く済む。

もう一つの原則を紹介しよう。ドキッとされる方がいるかもしれないが、それは「見栄を張らない」ということだ。見栄の張り方にはいくつかあるが、ダイヤをデパートの宝飾品売り場や一流ブランドショップで購入することも、それに当てはまる。特に、デパートほどの曲者はない。ファッションや宝飾品として身につけるダイヤを購入するのであれば良いのかもしれないが、今回の資産保全・資産防衛の観点から見ると最悪である。

デパートで〝お得に購入できる〟ダイヤは、資産価値としてはほとんどゼロである。よく、デパートの冠を付けて勧められるテレビショッピングのダイヤもこれにあたる。値段にすると一〇万円前後で購入できるダイヤでは、言葉は悪いが資産価値としてはガラクタ同然とお考えいただくのが良いだろう。

では、それ以上の金額、たとえば一〇〇万円ほどの金額を出すとどうか。残

ダイヤを高く買わないための二大原則

1. ダイヤはルース（石のまま）で買う

2. 見栄を張らない

※一般的なショップで買ってはいけない

念ながら、それでもあまり資産価値の高いダイヤは期待できない。もし、本当に資産価値のあるダイヤをデパートで買おうとすると、とんでもなく高値で割高なものになってしまう。

そのような資産価値の高いダイヤをデパートで購入しようとすると、担当者が別室に通してくれたりする。そこで、お茶を飲みながら優雅に商談である。担当者がべったり張り付き、目の前にいくつかの種類を並べて、あれやこれやと説明をしてくれるだろう。試しに手に取ってみると、「奥様お似合いですね」「今の装いにぴったりです」「こちらのデザインの方がお似合いですよ」など今度は褒め殺しである。そこで気分が良くなって購入すると、仰々しい専用のケースに入れて綺麗な上質の手提げ袋に入れてくれる。お店を出る時にはきちんと見送りもしてくれる。

このような至れり尽くせりのサービスを受けられて気分が良くなる代わりに、相当割高な出費をしているのである。一流ブランドショップでも同じことである。つまり、ダイヤは一般的なショップで買ってはいけないということだ。

ダイヤについての基礎知識——カラットは大きさではない

資産保全・資産防衛を考えた際、どのようなダイヤを持てば良いのだろうか。またはどのようなダイヤを持ってはいけないのだろうか。素人ではまったく判断が付かないダイヤの世界ではあるが、実は専門家が価値を見極めるためのチェックポイントは明確に決まっている。

チェックポイントとは、すでに述べてきた通り、ダイヤの基本と呼ばれる「４Ｃ」のことである。「フォーシー」と呼んだり「ヨンシー」と呼んだりするこの言葉は、ダイヤの品質を評価する世界基準にあたる。第三章でも触れたが、「４Ｃ」はそれぞれ４つのＣを頭文字とした言葉で「カラット」（Carat）「クラリティ」（Clarity）「カラー」（Color）「カット」（Cut）を指す。これら「４Ｃ」について詳しく知っている人は、資産価値があるダイヤかそうでないダイヤかを見極めることができる。しっかり押さえておいて欲しい。

しかも、うろ覚えでは意味がない。たとえば「4C」の基準で一番有名な「カラット」は、大きさの単位ではない。勘違いされている方も多いようだが、実は重さの単位である。このような基礎的な部分をきちんとお伝えすると同時に、どのくらいのものを狙えば良いのか実践的な部分も含めて解説したい。

①「カラット」

前述のように、「カラット」は大きさを表す単位ではなく、重さを表す単位である。ダイヤの形は理想的な〝ラウンドブリリアントカット〟でほとんどが統一されているから、同じ形で重さが大きくなれば、見た目の大きさもほぼ比例する。そのため、「カラット」を大きさと思い込んでいる人が多い。ただ、再度申し上げるが正しくは「カラット」は重さを表す単位で、一カラット＝〇・二グラムと決まっている。

「カラット」の表示は、宝石の重さを図る特殊な電子天秤を用いて一〇〇〇分の一カラットまで測定し、小数点第三位を八捨九入、または第三位まで表示する。それ以降の数字を表示しないのは、第四位ぐらいの数字は周りの湿度や気象条件によって誤差が生じるため表示しても意味がないためだそうだ。

ダイヤは金《きん》のように重さと値段が比例しない。「カラット」が大きくなればなるほど稀少性が高まり、値段はうなぎ登りに上がる。だから〇・〇一カラットの差でも大きな値段の差を生んだりする。特に〇・三、〇・五、一・〇、二・〇といった切りの良い数字には注意が必要だ。たとえば〇・四九カラットから〇・五カラットになると、値段が二〇～三〇％ほど高くなる。また、あるカラット数を超えると値段が一気に上がる、といった段階的な相場が形成されているのだ。

このように、〇・〇一カラットの差で値段が極端に違うと何が発生するだろうか。答えはサバ読みである。本当は〇・四九カラットしかないのに、〇・五カラットと言って売り出す輩が出てくるのである。だから、鑑定書が重要になるのだ。先に触れておくと、鑑定書を見れば「４Ｃ」は一目瞭然である。

ただ、この鑑定書も注意すべき点があり、鑑定する機関によって甘めに評価するところもある。だから、世界基準であるＧＩＡの鑑定書が必要となる。これから実際に各「４Ｃ」で資産保全・資産防衛に足るダイヤの水準をそれぞれ解説して行くが、それはすべてＧＩＡの基準を前提としていることを前もって注意しておこう。

では、一つ目の「カラット」ではどれくらいのものを選べば良いのかと言えば、一カラット～三カラットのものだ。確かに大きければ大きいほどダイヤとしての価値は高く、五カラット以上は稀少性が極めて高くなるが、これぐらいになると値段がかなり高額になり過ぎて売る時に相手を探す必要が出てくる。探してすぐ見つかれば良いが、そうでなければ売値を下げるしかない。そうすると買値と売値のスプレッドが開いてしまうことになる。一カラット～三カラット程度の重さのダイヤが、一番スプレッドが小さく流動性がある。

②「クラリティ」

「クラリティ」は「透明度」のことで、これは内包物（インクルージョン）や

カラットとグラム数

	カラット数	グラム数
	0.50 カラット	0.1 g
	0.75 カラット	0.15 g
	1.00 カラット	0.2 g
	2.00 カラット	0.4 g
	5.00 カラット	1 g

キズ・カケ（ブレミッシュ）の程度によって区分けされている。

内包物はダイヤが形成される過程でできたものだ。地面のはるか奥底で、通常では発生し得ない高圧、高温で作られたダイヤモンド。それが何億、何十億年の時を経て、火山爆発などにより音速を超えるスピードで噴出したマグマによって地表に飛び出し世に現れる。まさに、地球の気まぐれによって作り出された奇跡の鉱物である。少し内包物があった方が、地球の爪痕が残っているようでロマンを感じないだろうか。

ただし、説明をするまでもないと思うが、ロマンと価格の高い安いはまったく別問題である。地球が残した爪痕は価格にとっては迷惑そのものである。内包物がない方が高値になる。もちろん、キズ・カケもない方が高値になる。この水準を決めているのが、「クラリティ」である。

「ＧＩＡ」が決める「クラリティ」は、大きく六つの段階に分けられ、細かくは「ＦＬ」～「Ｉ３」の一一段階にまで分けられる。一番価値が高いのが「ＦＬ」（フローレス）で、一〇倍の拡大鏡で覗いても傷は見当たらない。次の「Ｉ

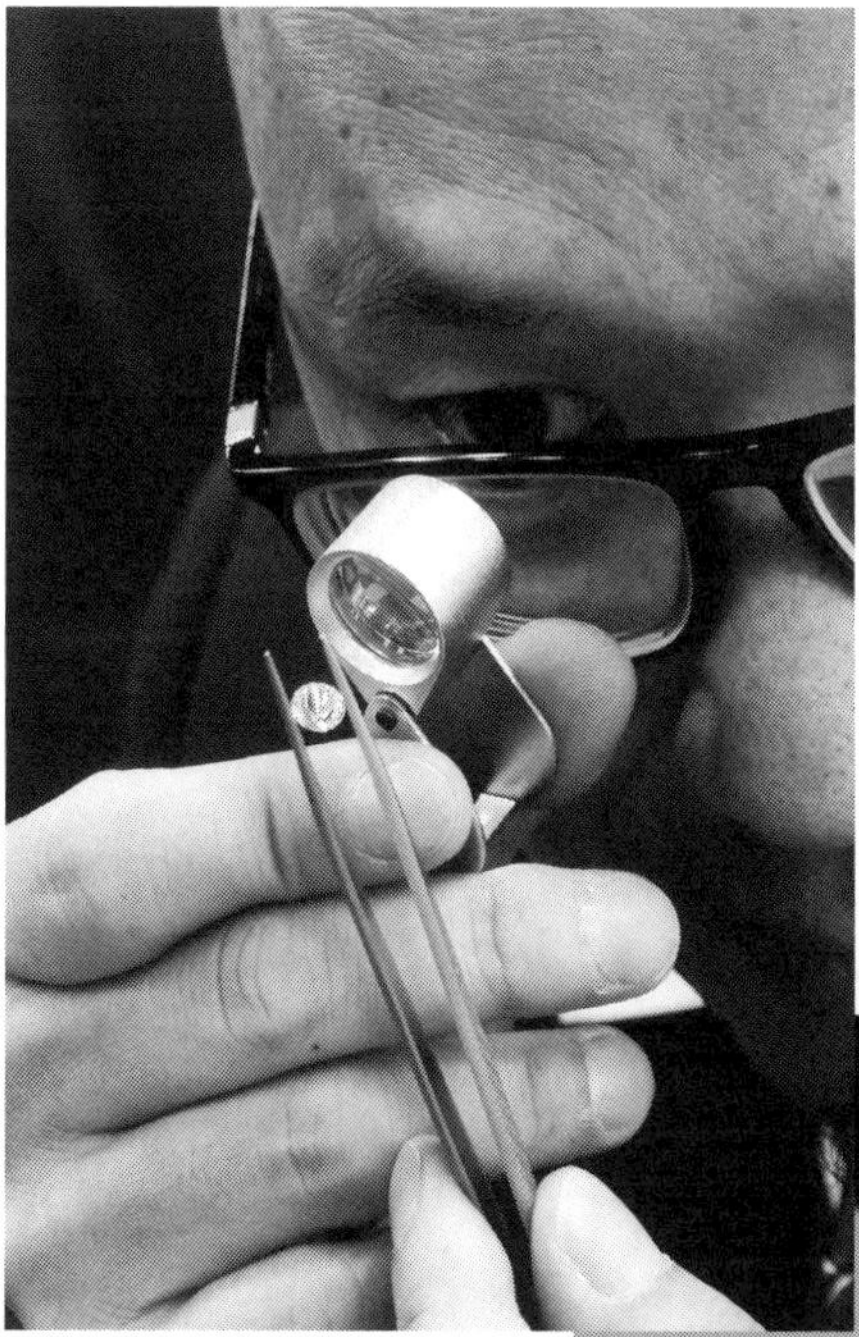

肉眼で見てわかる内包物、拡大鏡で見てわかる内包物によって価格は変わってくる。内包物に石としてのロマンを感じたとしても、残念ながら価格にとってはマイナス要因にしかならない。

F」（インターナルフローレス）は一〇倍の拡大鏡で見た時、内包物はなく、外部に研磨の跡のごくわずかな引っ掻き傷が見られる程度だ。次は「VVS」（ベリーベリースライトリーインクルーデッド）で、このクラスは「VVS1」と「VVS2」に分かれる。一〇倍の拡大鏡で発見が極めて困難な内包物を含む。「VVS」の次は、「VS」（ベリースライトリーインクルーデッド）。これも「VS1」と「VS2」の二つに分かれる。一〇倍の拡大鏡で発見が多少困難な内包物を含む。次は、「SI」（スライトリーインクルーデッド）で、これも「SI1」と「SI2」がある。一〇倍の拡大鏡で発見が容易な内包物がある。しかし、肉眼ではほとんどわからない。最後は「I」（インクルーデッド）で、「I1」「I2」「I3」と三つに分かれる。このクラスになると、内包物が肉眼で容易に発見できる。

大きく六つに、細かくは一一に分かれている「クラリティ」は、どこ以上を求めれば良いのだろうか。資産価値を重視するのであれば、「VS」（「VS1」「VS2」）以上を狙いたい。

クラリティ

クラリティグレード			状態
FL		フローレス	10倍の拡大鏡で無傷
IF		インターナルフローレス	10倍の拡大鏡で内部は無傷。外側にわずかなひっかき傷
VVS	1	ベリーベリースライトリーインクルーデッド	10倍の拡大鏡で発見が極めて困難な内包物
	2		
VS	1	ベリースライトリーインクルーデッド	10倍の拡大鏡で発見が多少困難な内包物
	2		
SI	1	スライトリーインクルーデッド	10倍の拡大鏡で発見が容易な内包物。肉眼ではほぼわからない
	2		
I	1	インクルーデッド	肉眼で発見できる内包物
	2		
	3		

③「カラー」

三つ目にご紹介する「カラー」は、ご存知「色」のことだ。ダイヤモンドはガラスのような無色透明をイメージされている方も多いだろうが、実際には無色透明なものは少ない。かすかに色が付いているものがほとんどで、少し黄色味を帯びて見えるものが多い。

ダイヤは無色透明なほど価値が高く、黄色になればなるほど、その価値は落ちる。たまにファンシーカラーダイヤモンドと呼ばれるピンクや黄金、緑といった鮮やかな色が付いたダイヤが存在するが、それはダイヤが一万個あればその中の一個といった特別なものである。これはこれで稀少価値によって高くはなるが、あまりに流通量が少ないので今回はこれを対象としない。あくまで、無色透明なものが高価なダイヤと捉えて欲しい。

これもGIAによって、アルファベットのD~Zの順で基準が決まっている。このうち「D」「E」「F」が無色透明を意味しており、価値が高い。一段落ちると「G」「H」「I」「J」でこれがほぼ無色にあたる。次の「K」「L」「M」

カラー

カラーグレード	状態
D	無色透明
E	
F	
G	ほぼ無色
H	
I	
J	
K	わずかな黄色
L	
M	
N	薄い黄色～黄色
⋮	
Z	

ではわずかな黄色が見られる。そこから先に「N」～「Z」まででは薄い黄色からはじまり、段々その色が濃くなって行く。

では、資産保全・資産防衛を考えた時、どのクラス以上を狙うかと言えば、ここでは最上位の「D」「E」「F」の無色透明のダイヤしか意味がない。

④「カット」

最後のCは「カット」だ。これは、ダイヤを四角くカットするのか、丸くするのか、三角にするのか、という話ではない。第三章でも述べたように、理想的な形は「ラウンドブリリアントカット」とすでに決まっている。「ラウンドブリリアントカット」は五八面体（あるいは五七面体）にもなる細かなカットで形成されているわけだが、そのカットは単に恰好良く見せるために行なわれているわけではない。ダイヤの輝きを十分に引き出すことができるように、プロポーションや角度にこだわっている。この部分の良し悪しを「カット」というグレードで分けている。他の三つの「C」はダイヤの生まれつきの性質である

カット

カットグレード	状態
EXCELLENT	最上級品で光学的に理想
VERY GOOD	非常に良い。理想的
GOOD	良好
FAIR	やや劣る
POOR	劣る

が、この「C」だけは人が手を入れる要素と言える。「カット」は五つの段階に分けられる。最上位は「EXCELLENT」、最上級品で光学的に理想であることを表す。次は「VERY GOOD」で「理想的」であることを示す。一段落ちると「GOOD」で「良好」を意味する。そこから「FAIR」の「やや劣る」と、「POOR」の「劣る」がある。

ダイヤに資産価値を求める時には、「GOOD」以上の品質を求めたい。

⑤「4C」以外にも

ダイヤの品質を示す品質は「4C」だが、ここにもう一つ「蛍光性」というフレーズを付け加えておきたい。蛍光とは、目に見えない紫外線を当てた時に一部のダイヤが青色（他の色のダイヤもあるが、通常は青色）を発光する可視できる光のことだ。これは単純に、紫外線を当てた時に青色になるものに注意した方が良い。あまりに青色を発するものは、光を当てていない時に少し白っぽく濁って見えることがあるからだ。GIAではそのようなダイヤは数が少ないということで気にしていないが、念のため「なし」を意味する「NONE」か「弱い」を意味する「FAINT」のどちらかを選ぶことをお勧めする。

これまでの基準を確認しておくと、資産保全・資産防衛に役立つダイヤは一～三カラットで、「クラリティ」は「VS」以上、「カラー」は「D」「E」「F」のどれか、「カット」は「GOOD」以上、そして蛍光性は「NONE」「FAINT」のどちらかが良い。

おそらく、最初にこれだけ言われても何のことかわからなかっただろうが、今はそれぞれ基本からチェックいただいたのでしっかりご理解いただけたことと思う。そして、これがわかればあなたは素人の域を一歩抜け出して資産運用のためのダイヤ購入の資格を得たことになる。

買う時は、ぎりぎり通用するレベルで十分

さて、どのような品質のダイヤを購入したら良いのかがわかった今、もう一

つ重要なアドバイスをしておこう。それは「ぎりぎり通用するレベルのものを買う」ということだ。品質にこだわり過ぎて、すべてにおいて最上位の品質のダイヤを求めるのはやめた方が良い。つまり、「クラリティ」は「FL」、「カラー」は「D」、「カット」は「EXCELLENT」にこだわり過ぎないということだ。こういった最高品質のものは、資産価値は高いがそれほど多くないため、価格が跳ね上がっていたりする。すると、こだわり過ぎた結果、売りにくくなることが起こりうる。

ただし、どの世界でもそうだが、ピンポイントで刺さるマーケットもある。「カラット」のところで、五カラット以上は高額になり過ぎて買い手を選ぶと述べたが、それぐらいまでの金額を出すことができるのであれば、実は多少品質を落としても構わないので八カラットを狙った方が良いようだ。

というのも、中国では多少品質が低くてもルースの大きさ（重さ）という見栄えを重視するから、中国人を相手にできるという。ただし、これは高等テクニックなので、宝石商を生業としない方はここまでする必要はない。万人受け

資産保全・資産防衛として役立つダイヤの品質

カラット

1〜3カラット

クラリティ

VS以上

カラー

D、E、F

カット

GOOD以上

蛍光性

NONEまたはFAINT

する「ぎりぎり通用するレベルのもの」を買って、必要な時にはそこそこの価格で売れれば良いのだ。

業界人の誰もが知る「ラパポート」

もう一つあなたをダイヤ業界に精通するレベルにまで高めるものをご紹介しよう。それは「ラパポート」と呼ばれるレポートである。このレポートは一般には認識されていないが、ダイヤの業界人であれば誰もが知るものだ。これなしではダイヤの取引は成り立たない、ともいえるものだ。

「ラパポート」は、マーティン・ラパポート氏がはじめたもので、ＧＩＡがダイヤの品質について「４Ｃ」で明確に区別しているわけだが、毎週一回それぞれのカテゴリーごとに細かく値付けを行なって発表したレポートを「ラパポート」という。

「ラパポートグループ」は、ダイヤモンドとジュエリー市場の発展を支援する

ラパポート

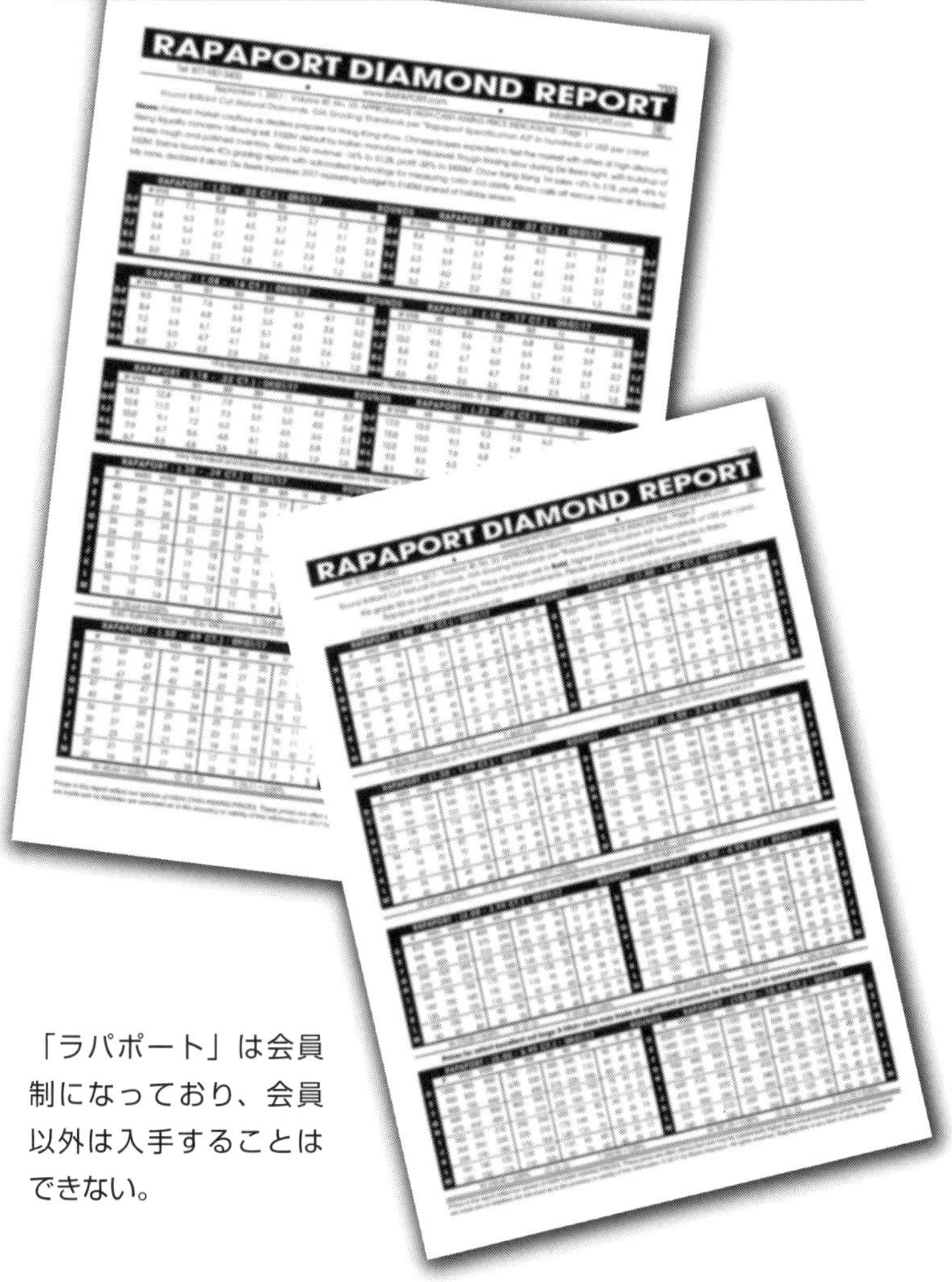

「ラパポート」は会員制になっており、会員以外は入手することはできない。

ことを目的に一九七六年に設立された国際ネットワークだ。設立から二年後の一九七八年、ダイヤモンド価格の情報源として業界初の「RAPAPORT PRICE LIST」をニューヨークで出版した。これが「ラパポート」のはじまりである。今ではこの「ラパポート」が業界においてダイヤの価格を設定する国際基準となっている。発行は、当初は月ごとであったが、現在は週ごとになっており、毎週木曜日アメリカ東部時間の午後一一時五九分に世界のダイヤ市場の変化を反映したものに更新される。

一般人から見るとダイヤの適正価格と言われてもまったく見当もつかないだろうが、「ラパポート」を見れば一目瞭然なのである。ダイヤの「4C」をこのレポートでチェックすると、そこに基準の価格が書かれているのである。だから、ダイヤの業者にとってこの「ラパポート」は虎の巻なのだ。業者は顧客にダイヤを売る時はこの基準価格に何%アップするかを考えるだけで済むし、業者間の取引ではこの価格のプラスマイナス何%かを考えながら取引をすれば良い。

一見無秩序に映るダイヤの価格も実はこの「ラパポート」によって精緻に分けられて見事に価格付けされていたのである。「ラパポート」を知るということは、ダイヤの業者が目にする適正価格を知ることなので、これを知るのと知らないのとではダイヤを購入または売却する時に圧倒的な差が出る。この「ラパポート」がこの章で一番重要なポイントである。ぜひ、覚えておいて欲しい。

保管はケースにそのまま入れておくだけ

取引の基本は以上であるが、この章の最後に買ったダイヤをどのように保管するかについて触れておこう。結論から申し上げると、買ったダイヤはケースに入れたまま金庫かどこかでそのまま保管されるのが良いだろう。

ダイヤと油は相性が良い、つまり油が付いて輝きを損ないやすいので、あまり手で触ってはいけないと言われている。それもあって普段の手入れをきちんとすることの重要性が説かれたりもしている。ただ、今回は宝飾品としてのダイヤではなく、資産保全・資産防衛としてのダイヤだから、ルースのまま専用のケースにいれておけば普段は油分に触れる機会はない。たまにダイヤを直に手にとって眺めた時にはきちんと拭いておけば良い。

気を使ってダイヤを触る前に白い手袋をはめる方がいるかもしれないが、その場合は滑って落とさないように注意が必要だ。落としたことで欠けたり割れたりする危険性があるからだ。

もちろん、ダイヤは世界中でもっとも硬い鉱物だからそう簡単には傷つかない。しかし、第三章で詳しく説明したように、ダイヤは衝撃にはそれほど強くない。大きな力で下にたたきつけたり、または当たる角度が悪かったりすると、欠けたり割れたりといったことが実際に起こりうるのである。

また冷やす（凍らす）ことによってダイヤの周囲が炭化して黒ずんでしまい、せっかくのダイヤを削るハメになったという話もある。冷凍庫での保管は、くれぐれもご注意いただきたい。

第五章　ダイヤを使った生き残りの法則

私たちを取り巻く世界の現状とは

わが国の隣では、共産党による一党独裁国家・中国が習近平の下で世界の覇権を握ろうとする動きを露骨に示すようになり、また北朝鮮による核ミサイル危機は、もう「お話」ではなく「眼前の危機」となっている。

目を世界に転じれば、いよいよ激動と混迷の度合いを深めている。中東のIS問題と欧州への移民流入、カタルーニャ、スコットランドの独立運動、イギリスのEU離脱と欧州連合体崩壊の懸念、トルコの右傾化、米ロの外交戦に翻弄されるウクライナ……いずれも、数十〜数百年前の領土問題や宗教問題の因縁が亡霊のように現代によみがえり、人々を憎しみと対立へと駆り立てているかのようである。

しかし、こうした過去の因縁がよみがえるのはほとんどの場合経済の悪化がその根底にある。経済が順調で人々が豊かな生活を謳歌しているところに、こうした問題は発生しない。貧富格差が深刻なほど進み、持たざる大多数が不満を爆発させる時、その理由として過去の領土問題や宗教対立を持ち出してくるのである。それは、既存の体制や制度が行き詰まっていることの裏返しでもある。かつて社会主義・共産主義は、地球上のすべての人々を幸福に導く理想的な理念であり、制度だと信じられた。そして世界の約半分が社会主義国家になった時代があったが、その結末は周知の通りである。社会主義・共産主義国家のほとんどは行き詰まり、体制は崩壊した。

その後、人々は自由主義や資本主義こそが正解と信じ、世界中が「グローバル化」の名の下に資本主義を謳歌した。しかしながら、「グローバル化」は人々を少数の圧倒的に「富める者」と大多数の「持たざる者」にふるい分けてしまった。今や世界のわずか八人の大富豪が、三六億人の貧困層と同じ資産を持っているという、信じられない状況になっているのだ。したがって、貧困を共通根として前述のような問題が勃発するのは、ある意味歴史の必然である。

世界は今後、行き詰まった資本主義に代わる新たなパラダイムを生み出すための過酷な「闘争の時代」へと突入するだろう。まさに、血を血で洗うサバイバルの時代である。

しかし、ひとり日本だけは相変わらず安逸をむさぼっているように見える。隣国にも、国家財政にも、そして足下にすら巨大なリスクが潜んでいるにも関わらず、政治家も、マスコミも、そして一般国民すらもそのリスクに真剣に向き合うという意識がほとんど感じられないことに、とにかく驚かされる。ハッキリ言って、このままではほとんどの日本人がまず間違いなく次に来る困難な時代を生き抜くことはできないだろう。大切な財産も命を守るすべも失い、途方に暮れることになるのだ。

賢明な読者の中には、すでにそれらのリスクに気付いている方もいるだろうし、またあるいは「平和な日本で何をバカな」という方や、中には「浅井隆は人を脅かしにかかっている」と思っている方もいるかもしれない。しかし、あなたがどのように考えようが、残念ながら日本はとんでもないリスクを、それも一つではなくいくつも抱えている。もしこれからの時代を生き残って行きたいのなら、その厳然たる事実を直視することがまず必要だ。私たちのすぐそばにいかなる危機が潜んでいるのか、その主なものを順に見て行こう。

リスク①——北朝鮮リスク

二〇一七年に入って、にわかに世界の地政学リスクのトップに躍り出たのが北朝鮮による米国への挑発だ。長距離ミサイルの実験とみられる「ロケット発射」実験は二月一二日の「ムスダン」発射以降、三月六日に一回、四月に三回、五月に三回、六月に一回、七月に二回、八月に二回、九月に一回と合計一四回行なわれており、その数は二〇発近くにもおよんでいる（いずれも本稿執筆時点）。これまでの発射実験とは明らかに異なり、上空三五〇〇キロメートルという高高度への発射（ロフテッド軌道）実験、また二度にわたる日本上空通過によって、飛行距離が最長で三七〇〇キロメートルに達するなど、かつての北朝鮮では考えられないほど飛躍的な技術的向上が見られ、また二〇一六年以前のように「人工衛星の実験」などという言い訳をせず、示威目的であることをアピールすらしている。

二〇一七年九月三日には、六度目となる核実験も実施しており、ミサイル弾頭に搭載可能な小型核爆弾の開発が実用化段階に入りつつあることもアピールしている。世界の専門家筋も、いよいよ北朝鮮が長距離核ミサイルを実用化する日が間近に迫っていることを指摘しはじめた。

そして事態は一独裁国家の元首と覇権国家の大統領の罵倒合戦に発展し、いよいよ一触即発の緊迫状態に達している。「ロケットマンが自殺行為の任務を進めている」「（軍事攻撃に踏み切る事態となれば）北朝鮮は完全に破壊される」（産経ニュース二〇一七年九月一九日付）――トランプ大統領が金正恩を「ロケットマン」と揶揄すれば、金正恩も「わが国家と人民の尊厳と名誉、そして私自身の全てを懸け、わが共和国の絶滅をわめいた米国統帥権者（トランプ氏）の妄言に代価を支払わせる」「米国のおいぼれの狂人を必ず火で罰するであろう」（産経ニュース二〇一七年九月二二日付）と、トランプ大統領を「おいぼれの狂人」とこき下ろす。これが、ならず者同士の街角での出来事であれば、遠

次の極東有事はこの二人が引き起こすのか !?（写真提供　AFP/ 時事）

巻きに眺めるいい見世物にもなろうものだが、何しろ互いに核ミサイルのボタンに手をかけた国家元首同士の話である。いつ、恐ろしい北朝鮮の核ミサイルが日本に飛んで来るか、危険なことこの上ない状況なのだ。

それでも、大多数の日本人は「まさか戦争にはならないだろう」と高をくくっている。おそらく、読者の方にもそう考える方が案外多いのではないだろうか。何しろマスコミの報道はほとんどが国内の他愛もないスキャンダルや政局を垂れ流すばかりで、こうした海外情勢がいかに緊迫しているかを伝えるものがほとんどないのが実情だ。

ハッキリ言って私は、戦争に突入する可能性は少なくとも五〇％程度あるとみている。現状はそれほどまでに切迫している。

周知の読者も多いとは思うが、そもそも北朝鮮と米国は、一九五三年の朝鮮戦争の休戦以降も平和裏の関係修復がなされていない。この間、北朝鮮は自国の生き残りの道を軍事力強化に見出し、覇権国家米国の恫喝にも対峙しうる軍事力を求めて核開発を続けてきた。対する米国は、ベトナム戦争の教訓から朝鮮半島情勢に深入りしない「戦略的忍耐」を基本スタンスとし、外交交渉による問題解決を目指してきた。

しかし、トランプ大統領の登場で潮目は大きく変わった。彼は、この「戦略的忍耐」というやり方が、今の北朝鮮の増長を招く大きな間違いだったという認識を持っている。そして権力者となった今、この方針をにわかに転換し、北朝鮮の核を認めないという強い態度に出ているのである。

もちろん、だからと言って一足飛びに米朝戦争がはじまるわけではない。周辺の関係国である中国、ロシア、韓国、そして日本にもそれぞれ思惑があり、様々な駆け引きが行なわれているからだ。米国と同盟関係にある韓国、そして日本にとっては、アメリカが引けば金正恩の核に脅かされ言いなりにならざるを得なくなるリスクがあり、そうでなければ米朝の「けんか」のとばっちりを真っ先に受けるリスクがある。

仮に、韓国や日本が攻撃されれば、そのまま第二次朝鮮戦争や日朝戦争に突入することとなるだろう。トータルの国力としては圧倒的な差があり、また米国が後ろに控えてはいるため、戦争に勝つことはできるだろう。しかし、その代償として核爆弾や長距離ミサイルによる甚大な被害を受ける危険性があるのだ。これはあらゆる手立てを使って防がなければならない。

一方、中国、ロシアにとっては、基本的に対米外交カードとしての利用価値は十分にあるだろう。もちろん、金正恩体制が崩壊し中ロに大量の北朝鮮難民が流入したり、また朝鮮半島全体が米国の勢力下に入って国境を脅かされることは大きなリスクとなるため、金正恩にはみだりに暴発して自滅してもらっては困る。しかし、ぎりぎりのところで実力行使をせず世界を騒がせ続けるだけであれば、都合が良い。何しろ、ロシアにとってはウクライナの実質支配や中東情勢への関与などについて、また中国にとっては南シナ海の覇権確立について、それぞれ体のよい目くらましになる。北朝鮮に米国の目が向いている間は、コトをうまく進めやすいのだ。

繰り返しとなるが、彼らにとってのリスク要因はただ一点、金正恩が「本当の狂人」と化し、暴走の末に自滅したり中国やロシアをも恫喝し、あるいは攻撃しはじめるというものだ。

米国にとってはどうだろうか。北朝鮮を力でひねりつぶせば問題解決かというと、そう簡単な話ではないだろう。対応を間違って戦争状態になり、犠牲者が出れば反戦世論が巻き起こり政権には逆風が吹くことになるし、また中国やロシアとの直接戦争という最悪のシナリオも考えられるためだ。北朝鮮は韓国や日本といった西側諸国と中国、ロシアといった独裁・共産国家の地政学的な「緩衝国家」であるため、中ロにとっては金政権が崩壊して朝鮮半島が米国の勢力下になるのはなんとしても避けたい。したがって、何の大義もなく米国が北朝鮮をひねりつぶそうとすれば、間接的な侵略行為として一触即発の状況に陥りかねない。

では、金正恩を暗殺するという手はどうか。これには相当な技術的困難が伴うという。北朝鮮は徹底した鎖国国家であり、米国のスパイや最新の衛星技術などをもってしても金正恩がどこにいるか、核ミサイルがどこにあるかを特定することができないというのだ。もし暗殺作戦が失敗すれば、それこそとてつもない報復を受ける可能性もある。いくらコワモテのトランプ大統領でも、そうやすやすと実力行使には出られない状態にあるのだ。

当の北朝鮮はといえば、もはや一度踊りはじめたステージから降りられない状態だ。恐らく金正恩には、世界中の大多数の国と人間が自分を脅かす存在に見えているかもしれない。彼はリビアのカダフィ大佐やイラクのサダム・フセインといった独裁者が、米国に抹殺された顛末をよく理解している。そしてその理由は、核兵器という強力な抑止力を保有していなかったからと考えている。

だからと言って、中国やロシアを全面的に信頼しているかと言うと、そうではないだろう。トランプ大統領は、大統領選挙時にはロシアのプーチン大統領への好感を示していたし、水面下では様々なやり取りがあったことをにおわせている。中国とも習近平国家主席との会談以降、非常に親密な関係をアピールするようになっている。一連の流れから、米中や米ロが朝鮮半島問題に北朝鮮の頭越しでの密約を交わし、平和裏の体制崩壊を志向しているという疑心暗鬼に駆られている可能性は十分にある。近年、中国の呼びかけに対しても金正恩が直接応じず、また引きこもりのように北朝鮮国内に留まり続ける理由は、こうしたところにもあるだろう。

こうした微妙なバランスの上に、今のところ戦闘状態ではない状況が続いているのである。これがちょっとしたきっかけでバランスを崩せば、いとも簡単に戦争に突入することだろう。

さて、ここからは再び私見だが、北朝鮮が核開発をやめ、平和裏な外交解決が図られるのは、金正恩が死に、北朝鮮の独裁体制が崩壊した時ぐらいだろう。そして、そのシナリオの実現可能性は残念ながら今のところあまり高くない。ハッキリ言って、米朝トップの恫喝合戦の末、偶発的な軍事衝突や事件がきっかけとなって日本や韓国にミサイルが飛んで来る確率の方が、むしろ高いことを覚悟すべきと考える。

先日のJアラートの記憶も生々しい私たちにすれば、いきなり自分の住む街にミサイルが飛んで来たら、黙って死ぬ他ないと腹をくってしまいたくなるかもしれない。日本のミサイル防御システムは、現状では極めて脆弱だ。

これは専門家の本音だが、市ヶ谷の防衛省に配備されている「ＰＡＣ３」で守れるのはせいぜい皇居と国会議事堂くらいであり、とても東京都全体を守れるものではないという。

しかも、最近はすごい売れ行きの核シェルターだが、それでも普及率は〇・〇二％という。第一章でも述べたが、イスラエルの核シェルターの普及率は一〇〇％である。永世中立国のスイスも一〇〇％だ。「守る」という意識を喪失した戦後日本人の感覚は、およそ世界では考えられない。Ｊアラートで警告が発せられれば急いで頑丈な建物に避難する必要はあるし、場合によっては先んじて一時的に国外脱出する必要も出てくるだろう。もちろん、無一文で避難というわけにはいかない。大切な財産を何らかの形で保全し、あるいは持ち出して行く必要がある。

リスク②――国家破産、預金封鎖

眼前のもっともわかりやすいリスクが北朝鮮リスクとすれば、すぐには実現せず、また私たちが日常生活では実感しにくいリスクが「国家破産リスク」だ。日本の財政がいかに危機的か、借金を積み重ねた国がどのような末路を迎えるかについては、私が執筆してきた多数の書籍でより詳しく説明をしているのでぜひ参考にしていただきたいが、ここでは直近の重要な話題に触れておこう。

まず、日本の債務の絶望的状況である。日本の債務残高は、二〇一六年八月にはついにＧＤＰ（国内総生産）比で二五〇％を超え、経済規模約五〇〇兆円に対して一三〇〇兆円弱という天文学的債務がある。この水準は、近代では第二次世界大戦直後のイギリスと同じ水準である。しかし、当時のイギリスの債務はもっぱら戦費であり、終戦と同時に債務の拡大はピタリと止んだ。イギリスは戦勝国で戦争賠償金なども必要なかったため、戦時債務はその後速やかに減少して行った。

翻って日本の債務の原因を見ると、その大半が社会保障費である。少子高齢化が進展する中で、年金、医療、介護での歳出が借金積み上げの要因となっているのだ。高齢者は今後ますます増え続けるから、年金・医療・介護の社会保障費は、戦費のようにある日突然なくなったりはしない。それどころか、間違いなく増え続ける。つまり、借金の増加はこれからも続いて行くのである。

この莫大な借金を支えているのは誰かというと、かつては銀行や生保、郵貯といった金融機関が主体だったが、現在は日本銀行がその主力だ。その割合はなんと約四〇%にもおよんでいる。二〇一三年の「異次元金融緩和」発動以来、日銀は日本国債をはじめ日本株（ＥＴＦ）や不動産（Ｊ―ＲＥＩＴ）も大量に買い上げてきた。その結果として、日銀のバランスシートはすさまじい勢いで膨張し、今や日本のＧＤＰに並ぶ五〇〇兆円を超えるものとなった。異次元緩和前の約一六四兆円から比べて三倍超という状況は、明らかに尋常ではない。

このいびつな政策は、日本国債の市場にも悪影響をおよぼしている。日銀によって市中の国債がすっかり買い占められた結果、日本国債が枯渇する状況となっているのだ。これは、極めて危険な状態である。市場がちょっとしたアクシデントで過敏に反応し、国債暴落という事態に発展しかねないのだ。

先日、シンガポールで意見交換をしたチャート分析の専門家である川上明氏によると、テクニカルの観点では、二〇二〇年に日本国債が暴落する可能性があるという。すでにチャート上には、国債暴落リスクが織り込まれているということなのだ。

これほどの莫大な債務があり、中央銀行がそのうちの四割も抱え込む異常事態にも市場が反応しないのは、マイナス金利というこれまた異常な政策のなせるワザである。国債の利払い費は極めて低い水準に抑え込まれており、政府の予算編成にも悪影響をおよぼさずにいるためだ。

しかし、これがひとたび金利上昇に見舞われると、途端に事態は急変する。ある試算によれば、長期金利が一％上昇すると日銀が抱える莫大な国債は二三兆円もの含み損を抱えるという。日銀の財務悪化は、日本円の信認低下にもつながる。現在でこそ有事の避難先として日本円は高い評価を得ているが、これがいつ円暴落につながってもおかしくない。

また、政府の国債費は金利の一％上昇によって三・六兆円も上昇する。現在ですら、約一〇〇兆円の政府予算のうち四分の一にあたる約二四兆円が国債費

（国債償還、利払いなど、要するに借金返済）に充てられているところに、たとえば三％の金利上昇で約一〇兆円の利払いが追加されたらどうだろうか。政府予算は、一気に借金返済で危機的状況に陥るだろう。

事態がここまで極まれば、もはや財政再建よりも破綻後いかに速やかに日本経済を立ち直らせるかを議論する方が早い、という意見も出てくるだろう。実は、とある筋からの情報によると、すでに政府、財務省、日銀など日本の経済・金融の中枢に近いところでは、財政破綻時の経済的混乱に関するシミュレーションや財政・経済再建の方策を秘密裏に議論する非公式の会議体が存在するという。「もしも」に備えて、その後のことを準備しておくというのだ。

もちろん、こんなものの存在が公になれば政府が「国家破産確定」を公言することと同じであるから、決してそうしたものがあることなど認めない。しかし、国家とは常に周到に準備するものである。極めて蓋然性《がいぜん》の高い情報だろう。

国家破産後、日本経済を再出発させるにあたっては、まず国家レベルの債務をチャラにすることがどうしても必要だ。そうなれば、政府がやることは「国民資産と国家債務との相殺」と相場が決まっている。気鋭の財政学者である小黒一正法政大学教授は、「イザとなれば国家は『暴力装置』となる」と非常に厳しい指摘をしているが、まさにそういう事態が訪れるのだ。預金封鎖を手始めに国外への資産移転の禁止、外貨資産の保有制限、資産課税や所得課税の大幅強化……国民資産の実質的な「没収」である。そして小黒教授は、こうも指摘している。このような実質的な没収にはいろいろな方法があり、中には新法が必要なものもあるが、実効性の高い方法については「現在の仕組み、法律の中でも十分実現可能」なのだと。つまり、もう私たちは巨大な網に囲まれたイワシの群れと一緒ということだ。網が引き上げられるのが先か、いち早く出口を見つけて逃げ切るのが先か——。事態は、ここまでひっ迫しているのだ。

二〇一七年一〇月現在、こうした資産没収の動きはほとんど見られないが、税制改正や海外への資産移転に関する金融機関の動向など、より規制が強化される方向での変化は着々と進んできている。ある日突然、政府が牙をむいて私たちの資産を奪いにやってきてからでは、大事な財産を守ることは到底おぼつかないだろう。今なら、まだ様々な財産防衛の対策を講じることができる。とにかくなるべく早く、準備に取り掛かるべきだ。

リスク③——火山、地震

周知のことと思うが、日本は火山大国、地震大国である。最近では、二〇一六年四月一四日に熊本地方で発生したマグニチュード7・3の地震が記憶に新しい。死者、負傷者を含め三〇〇〇人余りが犠牲となり、熊本城の石垣が崩壊するなど、大きな被害が出た。

また、二〇一一年三月一一日には、東北地方太平洋沖を震源とするマグニチュード9・0という超巨大地震が発生（東日本大震災）、死者、行方不明者合わせて一万八〇〇〇人以上というすさまじい犠牲者を出した。福島第一原発は電源を喪失して炉心溶融（メルトダウン）が発生、放射性物質が漏えいする重大な原子力事故に発展した。東北から関東一帯にわたる広い範囲で電気、水道、交通、通信といった社会インフラが途絶し、地域によっては復旧に半年以上を費やすほどの甚大な被害を被った。

こうした例をひも解くまでもないが、私たちが住む日本は地震大国、そして火山大国である。二一世紀だけを見ても前述した地震の他に「新潟中越地震」（二〇〇四年）、「十勝沖地震」（二〇〇三年）といった大型地震が起きているし、二〇世紀を見ても「阪神・淡路大震災」（一九九五年　死者・行方不明者六四三七人）、「日本海中部地震」（一九八三年　死者一〇四人）といった大きな被害に見舞われている。戦前では「関東大震災」（一九二三年　死者・行方不明者一〇万五〇〇〇人余り）、「明治三陸地震」（一八九六年　死者・行方不明者　二万一九〇〇〇人余り）など、また明治維新以前にも「安政江戸地震」（一八五六年）、「安政南海地震」「安政東海地震」（一八五四年）、「弘化大地震」（善光寺地震　一八四七年）、「八重山地震」（明和の大津波　一七七一年）、「宝永地震」（一七〇七年）、「元禄地震」（一七〇三年）など、数千人から数万人もの犠牲者を出した地震が起きている。

火山噴火についても、記憶に新しいところでは二〇一四年に御嶽山《おんたけさん》の噴火によって六三人の死者・行方不明者を出している。二一世紀中だけでも口永良部島（二〇一五年）、桜島（二〇一三年）、新燃岳（二〇一一年）が噴火しており、二〇世紀以前に遡ればここではとても紙幅が足りないほどだ。

日本には約一万八〇〇〇の山があるが、それこそまさに日本が「天災の国」であることを象徴している。山には火山とそうでないものがあるが、火山がある場所はもともと地下にマグマが溜まっているため、いずれ活動が活発になれば再び爆発する。火山による被害が宿命的について回るということだ。

一方、火山でない山は安全かというと、そうではない。日本付近は四つの大陸プレートが接する場所で、非常に強力な力が複雑にかかっている。火山でない山は、このプレートの運動によって隆起してできている。つまり、こうした山ができるということは、周期的にプレートの大きなズレ、すなわち大地震が起きるということになるのだ。

また、こうした地震や火山噴火は発生時期と頻度をつぶさに見て行くと、周期性と関連性がみられる。たとえば、先述した「東日本大震災」については、

貞観地震前後の地震発生状況

1600年以降に起きた震度6以上の地震（江戸/東京）

起きた年	名　称	規模
1615年	（慶長）江戸地震	M6.4
1649年	（慶安）江戸地震	M7.1
1703年	元禄地震	M8.2
1855年	（安政）江戸地震	M6.9
1894年	（明治）東京地震	M7.0
1923年	関東大震災	M7.9

約一一〇〇年前の八六九年にそっくりの「貞観地震」が起きている。また「関東大震災」（一九二三年）については、その二〇〇年前の「元禄地震」（一七〇三年）が同じタイプの地震として捉えられている。

こうした周期性以外にも、地震同士が関連性を持っている例もある。「関東大震災」前にはこれに関連するとみられる二つの大地震が起きている。「明治東京地震」（一八九四年）と「安政江戸地震」（一八五五年）だ。奇しくも、「関東大震災」との周期性が指摘される「元禄地震」の、その前にも同様の地震〈「慶安江戸地震」（一六四九年）、「慶長江戸地震」（一六一五年）〉が起きているのである。こうした例は、世界中の地震の歴史をひも解けば枚挙にいとまがない。

では、私たちが生きる現代は、こうした災害が起きる周期にあたるのか？まず、「元禄地震」「関東大震災」に続く地震周期だが、これは約二〇〇年周期になっているため、恐らく私たちが生きている間に発生する可能性は低いだろう。では安心してよいか、と言えばさにあらず。この二つの大地震と関連性を指摘されている二つの地震は、大地震の七〇～八五年前に発生し、いずれも首都直下型の地震と見られているのだ。一九二三年の関東大震災からすでに九〇年余りが経ち、周期的には首都直下型はもはやいつ起きてもまったく不思議ではない時期に来ているのだ。

さらに恐ろしい可能性もある。先述の「貞観地震」では、その六年前に北陸（現在の富山から新潟）で大地震が起きている。また、「貞観地震」の五年前には富士山が噴火している。「貞観地震」の九年後には「関東諸国地震」（相模トラフと呼ばれる、関東大震災と同一の発生源とみられる）、さらに一八年後には「仁和地震」（南海トラフと推定される）が起きているのだ。あくまで仮説だが、「貞観地震」と富士山噴火、「北陸地震」、相模トラフ、南海トラフに関連性があるとすれば、「東日本大震災」を起点としてその前後に「北陸地震」、富士山噴火、関東地方の大地震、南海トラフ地震が発生してもおかしくない。そして現に、北陸地震に相当する地震は二〇〇四年一〇月二三日に発生している（新潟県「中越地震」）。

地震や火山噴火の予知は、極めて難しい。しかし歴史の大きな流れを見て行けば、天災が起きる危険性を予測することは十分可能だ。そして私たちは、極めて危険な時代に生きていると認識すべきである。中でも首都直下型地震、富士山噴火、南海トラフ地震は、短期的にも中長期的にも甚大な被害をもたらす。壊滅的な被害となれば、今住んでいるところから避難する必要も想定しなければならない。

リスク④——中央銀行＝紙幣の紙キレ化

さらに、究極のリスクが「世界中の紙幣が紙キレになるかもしれない」という可能性だ。二〇一七年二月、私は世界の三大投資家であるジム・ロジャーズにシンガポールで単独取材を敢行したが、彼はハッキリとこう言った。「当面は、米ドルは円よりましだろう。しかし、最終的には両方ともダメになる」。ロジャーズのこの発言の根拠は、世界各国の中央銀行や政府部門が抱える巨額の債務にある。

現在、日米英欧の中央銀行のバランスシートは、先の金融危機への金融緩和という緊急対応によって、約一五兆ドルにまで膨らんだ。世界中の中央銀行全体では、一九兆ドルになっている。この数字だけを見るとピンとこないが、二〇〇〇年には三兆ドルだったから、わずか一五年あまりで六倍以上にも膨れ上がった計算だ。

その間、債務（借金）も膨れ上がった。二〇一七年三月時点の世界の総債務は二一七兆ドル、世界全体のＧＤＰ比で三二七％にもなる（「ＩＩＦ」国際金融協会調べ）。二〇〇〇年時点では世界の総債務はＧＤＰ比一八〇％強であったというから、こちらもすさまじい勢いで増えているのである。

中央銀行が一国の経済力に不相応な大量のマネーを供給し、バランスシートを膨らませれば、貨幣価値の毀損を招きハイパーインフレなどの手痛いしっぺ返しを食らう。世界的な低金利下では債務が増加しやすい傾向になるが、金融引き締めや物価上昇によって金利水準が上昇すれば、財務状況が弱い国や企業、家計は途端に債務不履行に陥ることになるだろう。

先進諸国の中央銀行が軒並みブクブクに膨れ上がったバランスシートを抱え

る状況に、ロジャーズは極めて重大な危機を感じ取っているのだ。それは、基軸通貨米ドルとて例外ではない。

もちろん、こうならないためにＦＲＢやＥＣＢは金融緩和の終了と利上げによるバランスシートの縮小を急いでいる。しかし残念ながら、コトはそう簡単に運ばないのが世の常だ。米国では雇用や物価の指標に強弱が入り交じり、二〇一七年内に一回、一八年中にも三回の利上げを見込むが、先行きは不透明だ。ＥＵにしても難民問題やＩＳによるテロ、極右勢力の台頭、南欧債務問題など積年の課題がくすぶっており、緩和縮小は容易なことではない。

日本に至っては、二年限定と謳った異次元緩和がほとんどインフレを喚起できず、出口の見えない泥沼状態となってしまっている。緩和縮小や債務削減といった核心的な問題にはまったく触れられない始末だ。おそらく、こうした状況を勘案すると最初に紙キレになるのはやはり日本円、追ってユーロ、最後に米ドルということになるのかもしれない。米ドルについては、さすがに紙キレとまではいかないかもしれないが、それでも著しく価値を毀損するような事態は充分覚悟しておくべきだ。

では、そうした八方ふさがりの事態にどうやって資産を防衛すれば良いのだろうか。先述のインタビュー時に、そのことについてジム・ロジャーズに聞いたところ、彼はドル建て資産だけでなく、金《きん》（ゴールド）も持っていると明かしてくれた。結局、人々は現物資産に戻って行くという考え方なのだ。これは大いに参考となるだろう。

さらに、私は彼のある出資の話をニュースで見てピンと来た。彼の住むシンガポールでは、二〇一六年五月に「シンガポールダイヤモンド投資取引所」（ＳＤＩＸ）なるものが設立された。現物ダイヤの取引が可能な世界初の電子取引所として業界からも注目されているのだが、ジム・ロジャーズはその出資者の一人なのだ。世界中の紙幣が次々と毀損して行く時代に、現物資産であるダイヤ取引はますます活性化し、金《きん》に次ぐ現物資産としての地位を築いて行くと踏んでいるのだろう。取引所への出資は、まさにそこに狙いを定めたものである。実に鋭い着眼点だ。

資産としてダイヤモンドを持つということ

戦争、天災、国家破産に徳政令、しかも世界の主要通貨は、基軸通貨米ドルすら紙キレになる可能性すらある——まるで八方ふさがりのような状況にも対応しうる財産防衛を行なうとなれば、やはり現物資産の活用がカギを握るだろう。そこで、これまでの話を統括し、資産防衛の話をして行こう。

私はかねてから日本の国家破産リスクに対抗するため、「外貨建て資産」「海外資産」（口座、ファンド）にしておくことの重要性を唱えてきた。これらは日本円の毀損と預金封鎖や資産税といった徳政令への対策としては十分機能する。また、有事の経済的混乱に備えて「外貨キャッシュ」「円キャッシュ」「金《きん》の現物」を手元で保管することも提唱してきた。

しかし、米ドルまで価値が毀損することを考えるとなると、価値防衛できるのは金《きん》ぐらいになってしまう。ただ、金《きん》は大切な資産を集中するには極めて重

金とダイヤの特徴

■異なる特徴

金	ダイヤ
重い	軽い
有事の際没収対象になりうる	捕捉・没収の可能性は低い

■似た特徴

- 物質として安定性が高い
- 時代をまたいで取引が活発になされてきた

大な弱点がある。前章までの繰り返しとなるが整理しよう。金《きん》の弱点とは何なのか。まず、第三章で詳しく述べたように、金《きん》は地金で保有すると持ち運びがしにくい。たとえば、一キログラムのバーを五本持っているとすると五キログラムの重さになるが、これが実際に持ってみると意外に重い。普通の五キログラムの荷物でも十分重さはあるが、金《きん》の五キログラムはそれ以上に重く感じるのだ。見た目からは想像しがたい重さがそうさせるのか、あるいはより少ない体積、面積に重さが集中しているためか、予想外に疲れるのである。これは、実際に経験してみないとわからない感覚かもしれない。

また、当然ながら金属であるため、税関などの金属探知機に反応するため、特に有事にはこっそり持ち出すことが極めて難しくなる。さらに、金《きん》は資産性が高いため政府当局が捕捉できるような仕組みがある。犯収法（犯罪収益移転防止法）という法律によって、少額であっても金《きん》取扱業者が身分証の提示を求め、また台帳で売買を管理しているのである。いざ国家破産などの有事となれば、こうした名簿の供出を通じて金《きん》保有者をあぶりだすことも原理的には可能なのだ。このような国家レベルの金《きん》没収は、一九三三年の米国でも起きている（大統領令六一〇二）。決して荒唐無稽な話でなく、むしろ十分に注意しておくべきことなのだ。

もちろん、すべての金《きん》が没収対象になるわけではないかもしれない。金貨などで持っていれば、有事の際のサバイバルの足しになることもあるだろう。当局の捕捉も、少額のコインなどは「紛失」を理由に見逃される可能性があるかもしれない。しかしながら、ある程度まとまった資産を金《きん》現物のみで保有するのは、やはり対策としては心許ないものがある。そこで有効活用できるのが「ダイヤモンド」である。

ダイヤモンドを持つべき理由

現物資産として考えた時のダイヤモンドのメリットをざっと見ていこう。まず、ダイヤモンドはその資産価値に対して極めて小さく、軽く、持ち運びが容易という点が挙げられる。比較するべくもないが、一カラット（〇・二グラム）のダイヤの国内買い取り額は六〇万円弱程度であるのに対し、金《きん》は一グラムが約五〇〇〇円（二〇一七年一〇月現在）と、約六〇〇倍もの開きがあるのだ。言い方を変えれば、同じ重さならダイヤは金《きん》の六〇〇倍もの価値があるということだ。また、ダイヤモンドは炭素でできているため金属探知機などにも反応しない。物質としての安定性も相当に高く、劣化もしないため保管性も高い。

　また、ダイヤモンドは基本的にどの国でも「宝飾品」として認知されており、金《きん》や銀のような資産性を有するという認識が薄い。つまりどういうことかと言うと、金《きん》のように当局が保有状況を捕捉し、場合によっては没収対象とする可能性が低いということなのだ。金《きん》は売却時の価格が一定額以上の場合、国税当局にその情報が調書として提出され（金《きん》地金などの支払調書）、取引内容が捕捉されているが、ダイヤについてはそういった制度は存在しない。もちろん、そうかと言って売却益を確定申告しなくてよいわけではなく、利益は適切に申告する必要はあるのだが、調書によって保有状況を捕捉、管理されるという懸念はダイヤについては気にする必要がない。

当局による監督、捕捉の話が出たので、最近特に注目を集めている仮想通貨の捕捉の可能性についても参考までに触れておこう。仮想通貨は発行体が国ではなく、またインターネット上で国をまたいで自由に取引可能なため、こうした規制とは一見無縁なように見えるが、実際には各国とも取引所への規制、監督を強化しつつある。こうした規制を通じて、保有者の保有状況や海外などへの移転情報を追跡することも、いずれ可能となると言われている。現在でこそまだそのような仕組みはでき上がっていないが、電子データ上にはすべての履歴が正確に管理されているため、逆に「失くした」などとウソをついても高い確率で見破られることになる。いずれ仮想通貨は、国家によってある程度規制、捕捉されるものと考えておいた方が良いだろう。

話を元に戻そう。こうして見て行くと、戦争や天災、国家破産などの究極の有事に、ダイヤモンドが資産防衛法として極めて有能な資質を兼ね備えていることがおわかりいただけるのではないだろうか。

ただ、もちろんダイヤモンドとて万能ではない。いくつかのリスクや注意点があり、また「付き合い方」にも注意が必要だ。

ダイヤモンドのリスクと対処方法

まず、もっとも基本的かつ重要な点を強調しておこう。ダイヤモンドはあくまで「宝飾品」（モノ）であって、お金と同等の役割を果たすものではないということだ。何を言っているのかよく解らないかもしれないのでもう少しかみ砕くと、ダイヤには「お金としての機能」がないのである。

同じ現物でも、金《きん》や銀には長い人類の歴史の中でお金として使われてきた時代があり、「お金の機能」を持っているとみなされている。「お金の機能」とは、「価値交換・支払」「価値の尺度」「価値の保存」のことだ。現在のお金は管理通貨制度によって金《きん》とは連結していないが、金本位制の時代には、各国のお金の価値は金《きん》で表わされていたのである。見方を変えれば、現在の金《きん》価格は言ってみれば「金《きん》の変動相場制」のようなものだ。こうした背景から、金《きん》は現物でありながら「お金」に準じるものとみなされており、先述したように各国の政府当局もその動きを監督し、時に没収対象ともしてきたのである。

その観点で言うと、ダイヤモンドはあくまで「モノ」である。金《きん》のように安定性が高く、物によっては稀少性もあるためお金としての基礎要件はある程度満たしているが、広く一般的に価値交換や支払いに使用された、あるいは価値の尺度として利用された歴史がない。よって「価値の保存」性は金《きん》よりも劣ると捉えるべきである。平たく言えば、買った額より高く売れる可能性やいつでもどこでも換金できる柔軟性を、金《きん》ほどに期待すべきではないということだ。

このように言ってしまうと、「なんだ、それでは意味がないではないか」と思う読者の方もいるかもしれない。しかしそう結論付けるのは早計だ。地球上に存在する様々な「モノ」のうち、金《きん》と同様に飛びぬけた安定性を持ち、大多数がその稀少性と価値を認め、有事には価値の保存手段としても利用されてきたのがダイヤモンドである。後述するように、うまい買い方をすれば有事の資産防衛手段としては金《きん》をも凌ぐ力を発揮してくれるだろう。

次にダイヤモンドを活用する上で注意したいのは、非常に単純なことだが「失くさないこと」だ。「数百万円もするものを失くすバカがいるものか⁉」とお考えになるかもしれないが、多くの専門業者が必ずこれを強調する。とにかく軽く小さいため、うっかりすると本当にすぐ失くしてしまうそうだ。金《きん》と違って金属探知機も効かないため、一旦失くしてしまうと本当にあきらめるしかない事態になりやすいのだ。専用のケースに入れたとしても、ケースごと失くすというケースもかなり多いという。ダイヤをこれから持とうという方は、くれぐれも保管には細心の注意を払っていただきたい。

私が詳しく話を聞いたプロによると、紛失対策には宝飾品に加工して奥様や女性のご家族に管理させるのがお勧めとのことだった。女性にも大いに喜ばれ、また大切に保管してくれ、ルース（石のみ）のまま保管するより失くすリスクが少ないということだ。もちろん、うっかりものを失くしやすい女性もいるだろうし、逆にお洒落に気を遣う男性がネクタイピンやアクセサリーにあしらう

ダイヤモンド保有時の注意点

1. 落とさない
※衝撃を与えない

2. 火事に注意する

3. 冷凍庫に入れない

4. あくまで「モノ」なので
買値での売却や
キャピタルゲインは期待しない

5. 特に紛失に注意

という方法もある。いずれにしても、失くさない工夫を怠りなく。

その他に気をつけたいのは、前章でも触れた通り保管場所である。たまに、大事なものを冷蔵庫や冷凍庫に保管する人がいるというが、黒く変色したという例がある。真偽を試すわけにもいかないが、実例がある以上、冷凍庫保管は避けておいた方が良い。また、ダイヤは炭素でできているため、八～九〇〇度を超えると表面が気化しはじめ、タダの二酸化炭素になって最後は消えてしまう。しかも熱伝導率が高いため、火に囲まれなくても高温になれば消失の危険がある。たとえば自宅で保管するなら、相当程度の耐火性能を持つ金庫を用意するなど、しっかりとした火気対策も重要だ。

ダイヤモンド資産防衛――実践法

ダイヤモンドが持つ魅力と注意点をよく理解したら、いよいよダイヤモンドによる資産防衛の実践編に移ろう。

これも第四章で述べたが、資産保全用にダイヤを買うなら、指輪やネックレスなど宝飾品に加工済みのものではなく、「ルース」（石単体）を買うことだ。宝飾品になっているもの、特に宝飾ブランド品などは、加工費やデザイン料、ブランド料がかなり上乗せされており、リセールバリューは著しく低い。女性への贈り物には喜ばれるだろうが、価値保存性はまったく期待できないと考えた方がよい。

もし、宝飾品にして女性に持たせたい（あるいは自身が身につけてもいいだろう）のならば、ルースを買って腕の良い格安の加工業者に作ってもらう方が良い。結果的に安上がりにできる上、外して売れば適正価格での換金も期待できるため、非常に有効な対策になりうるのだ。

ダイヤモンドには重さや品質など様々な基準があり、それによって価格も大きく変わってくる。先に述べたが、資産防衛目的であれば「重さ一カラット以上」「クラリティはＶＳ２以上」（ただし、フローレス（無傷）は扱いが難しくなる可能性があり注意）「カラーはＦ以上」「カットはＧＯＯＤ以上」のものが望ましい。これに満たない条件のものは、取引でも買いたたかれる傾向にあり、資産価値の維持には大きな不安となるためだ。高品質であれば稀少性が高く、人気があって値段もつきやすい。予算が合わないからといって、条件を落とすのは厳禁だ。

なお、こうした条件を満たすものは小売の価格が大体一三〇〜一五〇万円程度だが、ダイヤモンド業者の相場はこれより相当安く、実はやり方によってはもっと安く購入することも可能だ（これについては第六章で詳述する）。

また、これは当然のことだが、安く買えるからといって専門機関の鑑定書がつかないものは絶対避けるべきだ。偽物を掴まされる危険性が格段に高いし、もし仮に本物であったとしても、現金化する段になって売却ができない、あるいは二束三文でしか売れないということになるからだ。専門機関の鑑定は米国系の「ＧＩＡ」、欧州系の「ＨＲＤ」の他に、日本国内では「ＡＧＬ」（宝石鑑別団体協議会）が鑑定を統括しており、代表的な鑑定機関として「ＡＧＴ」（ＡＧＴジェムラボラトリー）と「ＣＧＬ」（中央宝石研究所）がある。もし将来、日本国外にダイヤを持って避難することを考えると、国内鑑定機関のものより、海外のものの方が有利といえる。こうしたことを総合すると、「ＧＩＡ」の鑑定書がついているものがもっとも安心できるだろう。

次に購入する場所だが、やはり一般の宝石店や百貨店などはあまりお勧めできない。もちろん、宝石店や百貨店でもルースの取り扱いはあるが、専業ではないため納得のいく玉を常時揃えているわけではないし、値段が割高であることが多い。そして、ここが一番重要な点だが、それらの店では買い取りを行なってくれない、あるいは著しく安い価格でしか買い取ってくれないのである。国家破産や戦争などで倒産してしまう可能性も考えると、資産防衛としては使えないだろう。

ダイヤのマーケットを知り尽くし、流通価格から大きく離れない価格で販売し、また売却にあたっても適切なルートを複数確保してくれる、信頼できる専門業者を活用することが必須条件だ。

どの程度、ダイヤを持つかも重要だ。前述した通り、あまり資産の分散割合を偏らせると、当然リスクも大きくなってくる。現物資産の代表である金《きん》の保有割合は全財産の一〇～二〇％程度が望ましいと考えるが、ダイヤはそれよりも割合を落として、五～一〇％程度にするのが良いだろう。たとえば五〇〇〇万円の金融資産を持っている場合は、五〇〇万円程度を目安にダイヤを保有する、という具合だ。

この時、五〇〇万円のダイヤ一粒を持つという手もあるが、小粒のダイヤ（と言っても一カラット以上）を数個持つというやり方の方がより良いだろう。大きいものより小口で現金化でき、また、万が一の紛失へのリスク分散にもなる。複数人の家族に分け与えて引き継がせることもできる。

もっとも大事なのは「どこから買うか」

現状、ダイヤによる財産防衛を行なうのであれば、もっとも重要なのはどういうルートを使って買うか、に行きつく。信頼性が高く、高品質のダイヤを数

ダイヤモンド資産防衛 実践法

ルース（石単体）での購入

宝飾品ではなく、
専門業者から購入

GIAの鑑定書付き

1カラット/VS2/F/GOOD
以上の条件

売買ルートが
確保されていること

**全財産の5〜10%を
目安に保有する**

多く取り扱う実力があり、良心的な価格を提示でき、適切な出口（売却ルート）の確保も行ないうるプロの業者に行きつくことができるか、この一点がカギになる。

私は、かねてから「資産としての宝石」に関心があり、アンテナを張って情報収集を心がけてきたが、このほどこうした条件に見合うルートの確保ができる見込みが立った。そこで、次章では詳細な情報をご案内していきたい。

第六章　ダイヤを世界一安く買う方法

ダイヤモンドを安く買う、驚愕の裏ワザ

ここまで、ダイヤモンドで苦境を脱出した例、ダイヤモンド価格の形成メカニズム、ダイヤモンドの優れている点、正しい買い方や保管の仕方、そして生き残るためにいかにダイヤモンドが役立つかを解説してきた。ここまで読まれて、ダイヤモンドを実際に手にしたくなった人も少なくないだろう。

そこで本章では、究極の裏ワザをご紹介したい。その裏ワザとは、ダイヤモンドを文字通り、世界一安く買う方法だ。まずは復習のため、ダイヤモンドの価格を巡る二つの基礎的な知識をおさらいしたい。

①ダイヤモンド業者間の取引は、「ラパポート価格」を基準にして行なわれている。

②デパートなど一般の小売店では、その「ラパポート価格」の二倍かそれ以上の額で販売されている。

たとえば、ラパポート価格で一〇〇万円のダイヤモンドの場合、デパートなど小売店では大体一八〇〜三〇〇万円くらいで販売されているのだが、これはすなわち、もし個人がラパポートに直接コンタクトできれば、小売店の販売価格よりもかなり安くダイヤモンドを入手できるということだ。

とはいえ、普通はそんなことを考えたりはしない。しかし、私の知り合いのあるオークション会社の社長は、このようなダイヤモンドの販売価格に疑問を持った。そして、「何とか一般の人にもっと安くダイヤモンドを手にしてもらえないか」と試行錯誤し、「ラパポート価格の大体六五％くらいの値でＧＩＡ（米国宝石学会）鑑定書付きのダイヤモンド（ルース）が買える」方法を構築した。まさに正真正銘の価格破壊であり、ダイヤモンドの流通革命だと言っても大げさではない。「そんなにうまい話があるのか？」と思うかもしれないが、これは本当の話である。

その社長曰く、「僕は二七歳のときに結婚指輪用に〇・五カラットのダイヤモンドを五五万円で買いました。カラーはＤで透明度はＶＳ１、そして指輪の台座付きです。宝石商の知り合いがいたので、彼から買いました。その友達は『君は友人だから、僕は利益はいらない。デパートで買うと一〇〇～一三〇万円するけど、君になら五五万円で売るよ』と言ってくれました。僕は素直に喜んで、本当に良い買い物をしたなと思っていました。

そのとき、僕は絵のオークションをやっていたのですが、ダイヤモンドのオークションもやってみようかと興味を持っていました。調べてみると、ダイヤモンド価格を巡る構造が、今まで考えていたものとまったく違っていることに気づいたのです。というのも、僕が買った〇・五カラット（同じくDのVS1）のダイヤモンドが一二～一三万円で落札されて行くのです。それに台座を付けたとしても、台座の費用は五万円程度で済みます。

友達がオークションでそのダイヤモンドを仕入れて、それに台座を付けていたとしたら、仕入れはわずか一七万円程度です。それを僕に五五万円で売ったとしたら、彼は三八万円も儲けていたということになります。

仮にそうだったとしても、僕はその友達を恨んでなんかいません。ダイヤモ

ダイヤモンドの販売価格

〈参考例〉カラー：F　クラリティ：VVS1　カット：VG

カラット	小売価格 (ラパポートの3倍)	ラパポート価格	A社販売価格 (ラパポートの65%)
1ct	4,032,000 円(税別)	1,344,000 円(税別)	873,600 円(税別)
2ct	16,800,000 円(税別)	5,600,000 円(税別)	3,640,000 円(税別)
3ct	42,840,000 円(税別)	14,280,000 円(税別)	9,282,000 円(税別)
5ct	123,480,000 円(税別)	41,160,000 円(税別)	5ct以上のダイヤモンドに関してはエステートダイヤモンドに分類され稀少であるため、販売価格はその時点での市場価格に準ずることになります。
10ct	383,040,000 円(税別)	127,680,000 円(税別)	

2017年10月27日付のラパポート指数をベースに計算
為替は1ドル＝112円で計算

(2017年2月)

	GOODS_NAME 1	カラット	RAP値	落札金額 (The highest bid) (単位：米ドル)	落札金額 (Convert US $ into JPY) (単位：円)	落札金額RAP比 (単位：%)
14	1.0 E-VS2-VG, VG,G N	1.05	9500	6,908.97	769,935	72.73
15	1.0 F-VS1-G, VG,G Ft	1.07	9800	5,641.27	628,663	57.56
16	1.0 D-VS1-EX, VG,VG N	1.07	12100	7,897.67	880,116	65.27
17	1.0 D-VS1-VG, VG,VG N	1.07	12100	7,768.20	865,688	64.20
18	1.0 E-VS2-VG, VG,VG N	1.09	9500	6,005.90	669,297	63.22
19	1.0 F-VVS2-VG, VG,VG N	1.09	10700	6,997.80	779,834	65.40
20	1.0 F-VVS2-VG, EX,VG N	1.10	10700	7,062.00	786,989	66.00
21	1.0 D-VVS2-VG, EX,VG N	1.11	14400	8,471.52	944,066	58.83
22	1.0 F-VS1-G, VG,G N	1.13	9800	6,725.25	749,461	68.63
23	1.0 D-VVS1-EX, EX,EX N	1.14	16500	10,721.70	1,194,826	64.98
24	1.0 F-VS1-VG Ft	1.15	9800	6,975.24	777,320	71.18
25	1.0 F-VS2-G, VG,F N	1.15	8600	6,521.72	726,780	75.83
26	1.0 E-VS1-VG, VG,G N	1.15	10700	7,136.90	795,336	66.70

（1 ドル＝ 111 円 44 銭で計算）

香港オークションレコード

	GOODS_NAME 1	カラット	RAP値	落札金額 (The highest bid) (単位：米ドル)	落札金額 (Convert US $ into JPY) (単位：円)	落札金額RAP比 (単位：%)
1	1.0 E-VS2-VG, VG,G Ft	1.00	9500	4,750.00	529,340	50.00
2	1.0 F-VS2-G, VG,G N	1.01	8600	4,330.10	482,546	50.35
3	1.0 E-VS2-G, VG,G N	1.01	9500	4,989.40	556,018	52.52
4	1.0 E-VS2-VG, EX,G N	1.02	9500	4,845.00	539,926	51.00
5	1.0 E-VS2-EX, EX,EX H&C Ft	1.03	8600	5,641.60	628,699	65.60
6	1.0 D-VS1-VG, G,VG N	1.03	12100	6,703.88	747,080	55.40
7	1.0 F-VVS2-VG, G,G N	1.03	10700	6,586.92	734,046	61.56
8	1.0 F-VS1-VG, VG,G N	1.03	9800	5,132.94	572,014	52.38
9	1.0 D-VS1-G, G,G N	1.03	12100	6,972.50	777,015	57.62
10	1.0 E-VVS1-EX, EX,VG N	1.03	14300	8,100.95	902,769	56.65
11	1.0 F-VS1-VG, VG,G N	1.03	9800	5,360.20	597,340	54.70
12	1.0 E-VS2-G, G,G N	1.04	9500	5,413.10	603,235	56.98
13	1.0 D-VVS2-EX, VG,EX N	1.05	14400	8,316.00	926,735	57.75

香港のオークションで実際に取り引きされた26例の仕様と価格

ンドを巡る構造的な問題に気づくことができたのです。それよりも、僕が買った五五万円のダイヤモンドが、一五万円くらいでしか換金できないということにショックを受けました。多くの人が大金を投じて手にしたダイヤモンドに〝資産としての価値はない〟というのは問題だと考え、なるべく買った値に近い額で換金できるようにすれば多くの人が喜んでくれると思い、ダイヤモンドの流通に新たな波を起こそうと、この商売に目覚めました」。

今までダイヤモンドは、あくまでも〝宝飾品〟というカテゴリーでしかなく、買った値段と売る際のスプレッド（価格差）があまりに大きかったのである。たとえばデパートで三〇〇万円くらいのダイヤモンドを買っても、換金する際は五〇～六〇万円くらいにしかならない。これでは資産としての魅力は皆無だ。

この社長の会社（以下、A社）は、そのダイヤモンドを宝飾品のカテゴリーから資産というカテゴリーに落としこんだ日本初の業者と言ってよい。A社は過去三〇年にわたってオークション取引に従事してきたが、二〇〇一年からダイヤモンドのオークションもはじめ、豊富な実績を積み上げてきた。そのA社の強みは、世界的なオークション・アライアンス（同盟）にアクセスできる点に尽きる。そして、業者間価格に近い価格を顧客に提供している。

繰り返しになるが、ラパポート価格で一〇〇万円のダイヤモンドの場合、デパートなどの小売店では大体一八〇～三〇〇万円くらいで販売されている。ハイジュエリーの扱いとなれば、四～五倍となることも少なくない。しかし、A社を通して同様のダイヤモンドを買う場合は、六五万円くらいである。具体的なケースは二〇三ページの価格表を参照して欲しい。

価格表には参考例として一、二、三、五、一〇カラットのそれぞれの価格「小売価格」「ラパポート価格」「A社の販売価格」を載せているが、一つだけ注意しておきたいことがある。それは一〇カラット以上のダイヤはお勧めできないということだ。端的に言うと、一〇カラット以上のダイヤは業界の玄人が扱う代物であり、買おうとすればラパポート以上の価格（すなわち割高）で買わされることが常である。多くの業者は「稀少価値がある」という理由で顧客に一〇カラット以上を買ったほうがお得だと謳うが、それは真っ赤な嘘だ。売る際も扱える業者が少ない（換金性に優れていない）ばかりか、売れたとしてもかなり割安な値段で換金されるケースがほとんどである。

ダイヤモンドを資産として保有する

話を戻すが、資産保全としてダイヤモンドを考える場合、ただ安く買えればそれでお終いということにはならない。やはり、出口（換金性が優れているか）が重要だ。安心してほしい。その点もA社は整えている。

なんと、六五万円（ラパポート価格は一〇〇万円）で購入したそのダイヤモンドをA社に持ち込めば、買った直後であったとしても五五万円くらいで換金してもらえるのだ。すなわち、ラパポート価格のおおよそ五五％（正確には五〇～六二％内）の価値で換金が可能なのだ。

小売価格でダイヤモンドを購入した場合、それを質屋などで換金しようとすると、一般的には買値の六分の一くらいに減価してしまう。たとえば、あなた

プライシングの流れ

ラパポートの値段を100とした場合

■個人がダイヤを買った場合

デパート・一般小売
180〜300

↕ 3〜5倍弱

A社オークション
65

■その後、買ったダイヤを売る場合
A社オークションでは
50〜62（平均55）位
つまり
買値の約80％で売れる

※大まかな目安であり、その時の取引条件などで変わることがある。

が小売価格二〇〇万（ラパポート価格一〇〇万円）のダイヤモンドを買った場合、それを質屋に入れれば、返ってくるのは三〇～三五万円程度だ。これがA社の場合、まず購入する時に同じダイヤモンドを六五万くらいで買え、売るときもA社経由で五五万円くらいで換金できる。それでも少し減価してしまうが、小売価格で買って質屋に入れるよりはよほどましだ。言い換えると、A社を通すことで、「ダイヤモンドを宝飾品としてではなく資産として保有」できる。

なぜ一般的な質屋よりも割高に換金できるかというと、これもA社が世界的なオークションにアクセスできるからである。ダイヤは金《きん》（ゴールド）と違って公式レートがないものの、定期的に開催される業者間のオークションによって実勢に近い価格をフォローできる。

また、A社に依頼すれば日本のほかに香港、さらにはA社のネットワークを紹介してもらうことができ、実質的に世界中どこでも（実勢に近い価格で）換金が可能だ。この出口こそが、A社の最大の強みとも言える。

その上、A社で買ったダイヤではなくてもA社に持ち込んで売却することが

スプレッドと出口

スプレッド

=売りと買いの価格差

出口 **=売り方**

可能だ。ただし、日本で買われたダイヤはほとんどの場合「CGL」（中央宝石研究所）や「AGT」（AGTジェムラボラトリー）という鑑定機関で鑑定していると思われる。その場合、「GIA」（米国宝石学会）の鑑定を受けた方が良い。それをしない場合、往々にしてGIAの値段よりも下がってしまう。

また、婚約指輪、結婚指輪など、指輪やブローチなどのジュエリーとして欲しいという方は、このA社を通してオークションでルースという形で購入したものを加工専門業者に依頼して希望のデザインに仕上げてもらうと良いだろう。ハイジュエリーのデザインを参考にした、自分だけのオンリーワンの高級品として仕上げることができるかもしれない。もちろん、加工業者は「蛇の道は蛇」である。

ここまでの話を聞いて、「個人でもA社の真似をできるのでは?」と思われた方もいらっしゃるかもしれない。しかし一個人がA社と同じようなことをしようとしても、実質的には不可能だ。実績と信頼と人脈を作るのは簡単ではないし、そもそも業者は基本的に小ロットの仕入れでは相手にしてくれない。上場

ダイヤをルースで買って台座を専門業者に依頼すれば、高級ブランド店の５分の１ほどの値段でファッショナブルなダイヤの指輪を手にすることができる。

企業であるA社には、現金も豊富にある。このことは重要で、業者からダイヤモンドを仕入れる際にすぐに現金決済ができない場合は手数料が高くつく場合がほとんどで、結果的にもっとも安価でダイヤモンドを仕入れることができないのだ。そのため、個人でA社のようなことを真似するのは容易ではない。

ここまでダイヤモンドを資産として保有することの重要性を述べてきたように、できるだけ資産価値を下げない形でダイヤモンドを保有する必要がある。そのためには、できるだけ安く仕入れ（買い）、できるだけ高く売る（必要な時にその出口を持っている）ことが何よりも重要なのである。もし、A社を紹介してほしいという方がいたら、「ダイヤモンド投資情報センター」（二一八ページ参照）まで連絡をしてほしい。

資産保全において、「一つのカゴにすべての卵を入れてはいけない」とよく言われるが、ダイヤモンドという卵をあなたの資産保全のバスケットから取り出し、ポケットにしのばせて軽快に行動していただきたいものである。その際、くれぐれも紛失には気を付けて!!

エピローグ

ダイヤモンドをポケットに入れて

金《きん》（ゴールド）か？　ダイヤか？

あなたご自身は本書を読まれて、どう判断されたことだろう。

ここで一つ、絶対に忘れてはならないのは、動乱と経済的大変動の時代が目前に迫っているということだ。

動乱とは、短期的には北朝鮮のミサイル問題であり、中・長期的には世界の覇権大国の座を狙っている中国との戦争、もしくは中国による日本占領（あるいは実質的支配）のことだ。

そして、経済的大変動とは二〇二〇年頃予想される「世界大恐慌」とその後に続く「日本国の財政破綻」である。私たちは、こうした危機の直前の一時的安定期に生きている。

こうして見てくると、将来起こりうる巨大危機からあなたと家族を無事生き延びさせるためには、ダイヤの存在がどうしても不可欠という結論に達する。正しくは、金《きん》か？　ダイヤか？　ではなく、金《きん》もダイヤも両方うまく組み合わせて保有し、そのトキに備えるべきということになる。金《きん》は持ち運びは不可能だ（長距離を持って逃げるには、一〇キログラムが限界だ）が、ダイヤはいくらでも遠くへ持って逃げることができる。

かつてヒトラーに追われたユダヤ人が、最後はダイヤをポケットに入れて自由の新天地アメリカへ逃げたように、私たち日本人はこの国で何かあったら、ダイヤを持って核ミサイルの飛んでこないニュージーランドへでも逃げよう‼

それが絵空事ではなくなるトキが、必ずやってくる。

二〇一七年一一月吉日

浅井　隆

浅井隆からの重要なお知らせ
――国家破産を生き残るための具体的ノウハウ

「ダイヤモンド投資情報センター」

現物資産を持つことで資産保全を考える場合、小さくて軽いダイヤモンドは持ち運びも簡単で、大変有効な手段と言えます。近代画壇の巨匠・藤田嗣治は第二次世界大戦後、混乱する世界を渡り歩く際、資産として持っていたダイヤを絵の具のチューブに隠して持ち出し、渡航後の糧にしました。金《きん》だけの資産防衛では不安という方は、ダイヤを検討するのも一手でしょう。

しかし、ダイヤの場合、金《きん》とは違って公的な市場が存在せず、専門の鑑定士がダイヤの品質をそれぞれ一点ずつ評価して値段が決まるため、売り買いは金《きん》に比べるとかなり難しいという事情があります。そのため、信頼できる専門家や取扱店と巡り合えるかが、ダイヤモンドでの資産保全の成否の分かれ目です。

そこで、信頼できるルートを確保し業者間価格の数割引という価格での購入が可能で、ＧＩＡ（米国宝石学会）の鑑定書付きという海外に持ち運んでも適正価格での売却が可能な条件を備えたダイヤモンドの売買ができる情報を提供いたします。

また、来たる二〇一八年三月一七日に資産としてのダイヤモンドを効果的に売買する手法をお伝えする重要なレクチャー（専門家による詳しいレクチャー）を開催いたします。

ご関心がある方は「ダイヤモンド投資情報センター」にお問い合わせ下さい。

ＴＥＬ：〇三（三二九一）六一〇六　ＦＡＸ：〇三（三二九一）六九〇〇

厳しい時代を賢く生き残るために必要な情報収集手段

日本国政府の借金は先進国中最悪で、ＧＤＰ比二五〇％に達し、太平洋戦争終戦時を超えて、いつ破産してもおかしくない状況です。国家破産へのタイムリミットが刻一刻と迫りつつある中、ご自身のまたご家族の老後を守るためには二つの情報収集が欠かせません。

一つは「国内外の経済情勢」に関する情報収集、もう一つは「海外ファンド」に関する情報収集です。これについては新聞やテレビなどのメディアやインターネットでの情報収集だけでは絶対に不十分です。私はかつて新聞社に勤務し、以前はテレビに出演をしたこともありますが、その経験から言えることは「新聞は参考情報。テレビはあくまでショー（エンターテインメント）」だということです。インターネットも含め誰もが簡単に入手できる情報で、これからの激動の時代を生き残って行くことはできません。

皆様にとってもっとも大切なこの二つの情報収集には、第二海援隊グループ（代表　浅井隆）で提供する「会員制の特殊な情報と具体的なノウハウ」をぜひご活用下さい。

“恐慌および国家破産対策”の入口「経済トレンドレポート」

最初にお勧めしたいのが、浅井隆が取材した特殊な情報をいち早くお届けする「経済トレンドレポート」です。浅井および浅井の人脈による特別経済レポートを年三三回（一〇日に一回）格安料金でお届けします。経済に関する情報提供を目的とした読みやすいレポートです。新聞やインターネットではなかなか入手できない経済のトレンドに関する様々な情報をあなたのお手元へ。さらに恐慌、国家破産に関する『特別緊急情報』も流しております。「対策をしなければならないことは理解したが、何から手を付ければ良いかわからない」という方は、まずこのレポートをご購読下さい。レポート会員になられますと、様々な割引・特典を受けられます。

詳しいお問い合わせ先は、㈱第二海援隊

ＴＥＬ：〇三（三二九一）六一〇六　ＦＡＸ：〇三（三二九一）六九〇〇

恐慌・国家破産への実践的な対策を伝授する会員制クラブ

国家破産対策を本格的に実践したい方にぜひお勧めしたいのが、第二海援隊の一〇〇%子会社「株式会社日本インベストメント・リサーチ」（関東財務局長（金商）第九二六号）が運営する三つの会員制クラブです。

私どもは、かねてから国家破産対策に極めて有効な対策として海外ファンドに注目し、二〇年以上にわたり世界中の銘柄を調査してまいりました。しかも、海外ファンドの中には様々な金融環境に適応して魅力的な成績を上げるものもあり、資産防衛のみならず資産運用にも極めて有用です。

その情報とノウハウを元に、各クラブではそれぞれ資産規模に応じて厳選した銘柄を情報提供しています（「プラチナクラブ」〈金融資産五〇〇〇万円以上〉「ロイヤル資産クラブ」〈同一〇〇〇万円以上を目安〉「自分年金クラブ」〈同一〇〇〇万円未満を目安〉）。参考までに、二二三ページに各クラブの代表的な銘柄の直近の数字を挙げています。その中でも「ＡＴ」ファンドは、ゼロ金利の

ファンド名	年利回り	年率リスク	最低投資額
BB	14.16% (2011年1月～2017年9月)	10.29%	10万ドル
S-CBR	15.43% (2013年7月～2017年9月)	6.35%	10万ドル
QE	9.96% (2014年2月～2017年9月)	23.22%	10万ドル
豪AT	8.31% (2009年8月～2017年9月)	0.40%	2.5万ドル
AT	7.50% (2009年8月～2017年9月)	0.39%	2.5万ドル
NP	13.70% (2011年3月～2017年9月)	10.90%	2.5万ドル

プラチナクラブ（金融資産五〇〇〇万円以上） — BB～NP

ロイヤル資産クラブ（金融資産一〇〇〇万円以上目安） — QE～NP

自分年金クラブ（金融資産一〇〇〇万円未満目安） — AT～NP

この時代に年六％〜七％程度の成績を極めて安定的に上げており、国家破産対策のみならず資産運用のベースラインとしても極めて魅力的です。その他にも多様な戦略を持つ魅力的なファンド情報を随時提供しております。

また、海外ファンド以外にも海外口座や現物資産の活用法など、財産防衛・資産運用に有用な様々な情報を発信、会員様の資産に関するご相談にもお応えしております。浅井隆が長年研究・実践してきた国家破産対策のノウハウを、ぜひあなたの大切な資産防衛にお役立てください。

詳しいお問い合わせは「㈱日本インベストメント・リサーチ」

ＴＥＬ：〇三（三二九一）七二九一　ＦＡＸ：〇三（三二九一）七二九二

Ｅメール：info@nihoninvest.co.jp

浅井隆のナマの声が聞ける講演会

著者・浅井隆の講演会を開催いたします。二〇一八年は東京・一月一三日（土）、福岡・四月二〇日（金）、名古屋・四月二七日（金）、大阪・五月一二日

（土）、東京・五月一八日（金）、広島・五月二五日（金）を予定しております。国家破産の全貌をお伝えすると共に、生き残るための具体的な対策を詳しく、わかりやすく解説いたします。

いずれも、活字では伝わることのない肉声による貴重な情報にご期待下さい。

第二海援隊ホームページ

また、第二海援隊では様々な情報をインターネット上でも提供しております。詳しくは「第二海援隊ホームページ」をご覧下さい。私ども第二海援隊グループは、皆様の大切な財産を経済変動や国家破産から守り殖やすためのあらゆる情報提供とお手伝いを全力で行ないます。

また、浅井隆によるコラム「天国と地獄」を一〇日に一回、更新中です。経済を中心に、長期的な視野に立って浅井隆の海外をはじめ現地生取材の様子をレポートするなど、独自の視点からオリジナリティあふれる内容をお届けします。ホームページアドレス：http://www.dainikaientai.co.jp/

改訂版!!「国家破産秘伝」「ファンド秘伝」必読です

浅井隆が世界を股にかけて収集した、世界トップレベルの運用ノウハウ（特に「海外ファンド」に関する情報満載）を凝縮した小冊子を作りました。実務レベルで基礎の基礎から解説しておりますので、本気で国家破産から資産を守りたいとお考えの方は必読です。ご興味のある方は以下の二ついずれかの方法でお申し込み下さい。

①現金書留にて一〇〇〇円（送料税込）と、お名前・ご住所・電話番号および「別冊秘伝」希望と明記の上、弊社までお送り下さい。

②一〇〇〇円分の切手（券種は、一〇〇円・五〇〇円・一〇〇〇円に限ります）と、お名前・ご住所・電話番号および「別冊秘伝」希望と明記の上、弊社までお送り下さい。

郵送先　〒一〇一―〇〇六二　東京都千代田区神田駿河台二―五―一

住友不動産御茶ノ水ファーストビル八階　株式会社第二海援隊「別冊秘伝」係
TEL：〇三（三二九一）六一〇六　FAX：〇三（三二九一）六九〇〇

「ニュージーランド　留学・移住情報センター」窓口

私は世界中を駆け巡り取材を敢行してきましたが、ニュージーランドほど安心・安全で自然豊かで、魅力を兼ね備えた国はないと断言できます。そして、私たち日本人こそが来るべき国家破産への備えも見据えてニュージーランドを最大活用すべきと考えています。国家破産で日本国内の経済が大混乱になった際、海外に避難先を確保しておくのは極めて大きな安心となるでしょう。

そこでこのたび、ニュージーランドへの留学・ロングスティ・一時訪問・永住その他に関する日本での問い合わせ窓口を開設致しました。二〇年来の私のNZでの人脈を活かし、現地での信頼の置ける専門スタッフをご紹介致します。ご興味のある方は、ぜひお問い合わせ下さい。

TEL：〇三（三二九一）六一〇六　担当：加納

『浅井隆と行くニュージーランド視察ツアー』

南半球の小国でありながら独自の国家戦略を掲げる国、ニュージーランド。浅井隆が二〇年前から注目してきたこの国が今、「世界でもっとも安全な国」として世界中から脚光を浴びています。核や自然災害の驚異、資本主義の崩壊に備え、世界中の大富豪がニュージーランドに広大な土地を購入し、サバイバル施設を建設しています。さらに、財産の保全先（相続税、贈与税、キャピタルゲイン課税がありません）、移住先としてもこれ以上の国はないかもしれません。そのニュージーランドを浅井隆と共に訪問する、「浅井隆と行くニュージーランド視察ツアー」を二〇一八年一一月に開催致します（その後も毎年一一月の開催を予定しております）。現地では浅井の経済最新情報レクチャーもございます。内容の充実した素晴らしいツアーです。ぜひ、ご参加下さい。

ＴＥＬ：〇三（三二九一）六一〇六　担当：大津

近未来の通貨を提案「ビットコイン（仮想通貨）クラブ」

動きが激しい分、上昇幅も大きく、特に今年二〇一七年は「仮想通貨元年」と日本で言われたこともあり、今年はじめから一一月上旬まででビットコインの価格は約八倍にもなっています。また、ビットコインに次ぐ第二番目の時価総額を誇る「イーサリアム」は、今年はじめから同じく一一月上旬までなんと四〇倍弱にもなっています。このような破壊的な収益力を誇る仮想通貨を利用するための正しい最新情報を「ビットコイン（仮想通貨）クラブ」では発信します。

二〇一七年一一月スタートした「ビットコイン（仮想通貨）クラブ」では大きく五つの情報提供サービスをいたします。一つ目は仮想通貨の王道「ビットコイン」の買い方、売り方（ＰＣやスマホの使い方）の情報。二つ目は仮想通貨の仕様や取り巻く環境の変更についての情報（分岐や規制、税制など）。三つ目は詐欺の仮想通貨の情報、四つ目は仮想通貨取引所の活用時の注意点についての情報。最後五つ目は仮想通貨のその他付属情報や最新情報です。

「ビットコイン（仮想通貨）クラブ」では、仮想通貨の上昇、下落についての投資タイミングの助言は行ないません。しかし、これまで仮想通貨は拡大を続けると同時にその価値を高めていますので、二、三年の中、長期でお考えいただくと非常に面白い案件と言えるでしょう。「良くわからずに怖い」と言う方もPCやスマホの使い方から指導の上、数百円からなどという少額からはじめることができますので、まずは試してみてはいかがでしょうか。

大阪・二〇一八年一月二六日（金）、名古屋・一月二七日（土）、東京・一月三一日（水）にクラブセミナーを予定しております。

詳しいお問い合わせ先は「ビットコイン（仮想通貨）クラブ」

TEL：〇三（三二九一）六一〇六　FAX：〇三（三二九一）六九〇〇

＊以上、すべてのお問い合わせ、お申し込み先・㈱第二海援隊
TEL：〇三（三二九一）六一〇六　FAX：〇三（三二九一）六九〇〇
Eメール　info@dainikaientai.co.jp　ホームページ　http://www.dainikaientai.co.jp

〈著者略歴〉

浅井　隆　（あさい　たかし）

経済ジャーナリスト。1954年東京都生まれ。学生時代から経済・社会問題に強い関心を持ち、早稲田大学政治経済学部在学中に環境問題研究会などを主宰。一方で学習塾の経営を手がけ学生ビジネスとして成功を収めるが、思うところあり、一転、海外放浪の旅に出る。帰国後、同校を中退し毎日新聞社に入社。写真記者として世界を股に掛ける過酷な勤務をこなす傍ら、経済の猛勉強に励みつつ独自の取材、執筆活動を展開する。現代日本の問題点、矛盾点に鋭いメスを入れる斬新な切り口は多数の月刊誌などで高い評価を受け、特に1990年東京株式市場暴落のナゾに迫る取材では一大センセーションを巻き起こす。その後、バブル崩壊後の超円高や平成不況の長期化、金融機関の破綻など数々の経済予測を的中させてベストセラーを多発し、1994年に独立。1996年、従来にないまったく新しい形態の21世紀型情報商社「第二海援隊」を設立し、以後約20年、その経営に携わる一方、精力的に執筆・講演活動を続ける。2005年7月、日本を改革・再生するための日本初の会社である「再生日本21」を立ち上げた。主な著書：『大不況サバイバル読本』『日本発、世界大恐慌！』（徳間書店）『95年の衝撃』（総合法令出版）『勝ち組の経済学』（小学館文庫）『次にくる波』（PHP研究所）『Human Destiny』（『9・11と金融危機はなぜ起きたか!?〈上〉〈下〉』英訳）『あと2年で国債暴落、1ドル＝250円に!!』『いよいよ政府があなたの財産を奪いにやってくる!?』『2017年の衝撃〈上〉〈下〉』『すさまじい時代〈上〉〈下〉』『世界恐慌前夜』『あなたの老後、もうありません！』『日銀が破綻する日』『ドルの最後の買い場だ！』『預金封鎖、財産税、そして10倍のインフレ!!〈上〉〈下〉』『トランプバブルの正しい儲け方、うまい逃げ方』『世界沈没――地球最後の日』『2018年10月までに株と不動産を全て売りなさい！』『世界中の大富豪はなぜＮＺに殺到するのか!?〈上〉〈下〉』『円が紙キレになる前に金を買え！』『元号が変わると恐慌と戦争がやってくる!?』（第二海援隊）など多数。

有事資産防衛　金か？　ダイヤか？

2017年12月18日　初刷発行

著　者　浅井　隆
発行者　浅井　隆
発行所　株式会社　第二海援隊
〒101-0062
東京都千代田区神田駿河台2-5-1　住友不動産御茶ノ水ファーストビル8F
電話番号　03-3291-1821　　FAX番号　03-3291-1820

印刷・製本／中央精版印刷株式会社

　ISBN978-4-86335-184-4

第二海援隊発足にあたって

日本は今、重大な転換期にさしかかっています。にもかかわらず、私たちはこの極東の島国の上で独りよがりのパラダイムにどっぷり浸かって、まだ太平の世を謳歌しています。

しかし、世界はもう動き始めています。その意味で、現在の日本はあまりにも「幕末」に似ているのです。ただ、今の日本人には幕末の日本人と比べて、決定的に欠けているものがあります。それこそ、志と理念です。現在の日本は世界一の債権大国（＝金持ち国家）に登り詰めはしましたが、人間の志と資質という点では、貧弱な国家になりはててしまいました。それこそが、最大の危機といえるかもしれません。

そこで私は「二十一世紀の海援隊」の必要性を是非提唱したいのです。今日本に必要なのは、技術でも資本でもありません。志をもって大変革を遂げることのできる人物と、それを支える情報です。まさに、情報こそ〝力〟なのです。そこで私は本物の情報を発信するための「総合情報商社」および「出版社」こそ、今の日本にもっとも必要と気付き、自らそれを興そうと決心したのです。

しかし、私一人の力では微力です。是非皆様の力をお貸しいただき、二十一世紀の日本のために少しでも前進できますようご支援、ご協力をお願い申し上げる次第です。

浅井　隆